Angst und Macht

RAINER MAUSFELD

Angst und Macht

Herrschafts-
techniken der
Angsterzeugung
in kapitalistischen
Demokratien

WESTEND

Für G, immer

Vorwort

Kollektive Ängste weisen, in ihrer Art und in ihrem Ausmaß, im Verlauf der Geschichte große Variationen auf, die oftmals geradezu als ein Charakteristikum bestimmter Epochen angesehen werden können. Damit stellt sich die Frage: Wie ließe sich unsere Zeit auf einer Dimension des kollektiven Angstniveaus einordnen? Eigentlich müssten wir heute die besten Voraussetzungen für ein historisch niedriges Angstniveau haben. Zwei der wirkmächtigsten Bedingungsfaktoren zur Verminderung gesellschaftlicher Ängste, nämlich ein großer alle Lebensbereiche prägender technischer Fortschritt und die Errichtung einer demokratischen Gesellschaftsordnung, stehen uns im Prinzip hierfür zur Verfügung. Demokratie zielt ja gerade darauf, eine größtmögliche Freiheit von gesellschaftlicher Angst zu garantieren, da »Angst die Freiheit der Entscheidung beeinträchtigt, ja sogar unmöglich machen kann«.[1] Auch sind seit mehr als siebzig Jahren die Bevölkerungen westlicher Demokratien keinen eigenen Kriegserfahrungen mehr ausgesetzt. All dies sollte eigentlich eine ausgesprochen günstige Konstellation für unsere zivilisatorischen Bemühungen sein, Bedingungen zu schaffen, die ein Leben ermöglichen, das durch eine größtmögliche Freiheit von gesellschaftlicher Angst gekennzeichnet ist. Dennoch lässt sich nicht übersehen, dass Angst eine überraschend große Präsenz in dem Lebensgefühl unserer Epoche hat – wenn auch oftmals hinter einer kulturellen Fassade, die vor allem durch Konsumismus, Zerstreuung und eine alle Lebensbereiche durchdringende Unterhaltungsindustrie geprägt ist. Denn immer wieder wird, aus verschiedenen Perspektiven und mit sehr unterschiedlichen Ursachenzuschreibungen, unsere Gegenwart als eine »Kultur der Angst« charakterisiert. Der wachsende Einfluss von Angst lässt sich auf allen gesellschaftlichen Ebenen aufzeigen: auf der Ebene von Individuen in der massiven Zunahme psychischer Störungen wie schwerer Depressionen und Angststörungen[2], auf soziologischer Ebene etwa in Indizes für soziale Abstiegsängste, für berufliche Versagensängste oder für Identitätsängste sowie auf politischer Ebene in einer drastischen Zunahme politischer Angstrhetorik.[3] Die Historikerin Joanna Bourke bezeichnet Angst als »die tiefgreifendste Emotion der modernen Gesellschaft«.[4] Wie kann es trotz vordergründig günstiger Rahmenbedingungen zu einem derart großen Ausmaß gesellschaftlicher Angst kommen?

Das Potential zur Angst ist tief in unserem psychischen Gerüst angelegt. Angst gehört zu den Grunderfahrungen menschlicher Existenz. Angst ist ein zugleich psychischer und leiblicher Affekt, eine Bedrohung oder gar eine Erschütterung des gesamten Selbst. In mannigfaltigen Erscheinungsformen – als Beunruhigung, Besorgnis, Furcht, affektive Verwirrung und Verunsicherung – kann sie durch alles ausgelöst werden, dem wir in unserer Verletzlichkeit ausgesetzt sind und das sich unserem Begreifen oder den Möglichkeiten unserer Kontrolle entzieht. Angst kann aber auch aus inneren Quellen gespeist sein: eine Angst vor Selbstwertverlust, eine aus Scham resultierende Angst, eine Angst vor einem Versagen, eine Angst vor den Konsequenzen der Verletzung sozialer Erwartungen und akzeptierter Normen, eine durch dunkle Vorahnungen eines Unheils entspringende Angst, eine durch unsere existentielle Ungeschütztheit erzeugte Angst oder eine durch ein Bewusstwerden der eigenen Sterblichkeit ausgelöste Angst. Angst speist sich auch aus Erfahrungen und Einsichten, dass unsere Möglichkeiten einer selbstbestimmten Lebensplanung eng begrenzt sind, dass wir gegen Wirkkräfte, die sich unserer Kontrolle entziehen, nicht angemessen für unser eigenes Leben Sorge tragen können oder dass wir die Bedingungen nicht sichern können, die wir für die Entfaltung unseres Selbst benötigen oder wünschen – also aus existentiellen Abhängigkeits- und Ohnmachtserfahrungen.

Die Erscheinungsformen von Angst sowie ihr Ausmaß und ihre Intensität können nahezu unbegrenzt variieren. Als existentielle Grunderfahrung des Menschen ist Angst etwas Universelles; zugleich hängen ihre Ausdrucks- und Erscheinungsformen, ihre Wirkungen im psychischen Gefüge und die möglichen Formen einer Angstbewältigung und Angstbesänftigung von den jeweils gegebenen kulturellen Besonderheiten und den gesellschaftlich verfügbaren Mitteln einer Angstreduktion ab.[5] Gesellschaftliche Ängste lassen sich daher durch all diejenigen Variablen manipulieren, die angstauslösend wirken, und sie lassen sich dadurch steigern, dass gesellschaftliche Mittel, die einer Angstreduktion dienen, nicht mehr zur Verfügung gestellt werden.

Welche gesellschaftlichen Entwicklungen könnten nun für das gegenwärtige hohe gesellschaftliche Angstniveau verantwortlich sein? Ein stetes Wachsen des Angstniveaus lässt sich seit etwa Mitte der 70er-Jahre beobachten, also seit der Zeit, zu der der neoliberale Umbau der Gesellschaft begann. Im Verlauf dieser bis heute anhaltenden Entwicklungen wurden und werden immer mehr gesellschaftliche Verhältnisse – von politischen und sozialen Institutionen über soziale Beziehungen bis zur Ebene des Individuums selbst – Kriterien der Konkurrenz und der ökonomischen Verwertbarkeit unterworfen. Diese neoliberale Umgestaltung der Gesellschaft wirkt auf eine dreifache Weise angsterhöhend: zum einen durch ihre konkreten materiellen Folgen eines rasanten Wachsens sozialer Ungleichheit sowie einer wachsenden Zahl unsicherer und nicht mehr existenzsichernder Arbeitsverhältnisse. Zweitens durch die neoliberale Ideologie, die dem Individuum selbst die Schuld für ein Scheitern auf dem Arbeitsmarkt zuschreibt, da es sich sein berufliches Versagen durch fehlende Anstrengungen und eine mangelnde Anpassungsflexibilität an den »Markt« selbst zuzuschreiben habe. Drittens durch einen Abbau und eine Zerstörung von traditionellen sozialen Instanzen, die eine angstreduzierendende Funktion haben, indem sie Orientierung und gesellschaftliche Sicherheit vermitteln.

Die neoliberalen Transformationsprozesse haben unmittelbar spürbare negative Folgen vor allem für diejenigen, die zum unteren Bereich der Einkommens- und Vermögensskala gehören; ihre längerfristigen Folgen betreffen uns alle, da diese Prozesse unsere Gesellschaft und unsere Lebensgrundlagen zerstören. Da dies der Bevölkerung nicht verborgen bleibt, lässt sich das neoliberale Projekt auf demokratischem Wege nicht ohne eine massive Manipulation des Bewusstseins durchsetzen. Eine systematische Erzeugung gesellschaftlicher Ängste spielt dabei eine ganz besondere Rolle. Aus machttechnischer Sicht haben Ängste den Vorteil, dass sie leicht zu erzeugen sind und sehr viel tiefergehende psychische Auswirkungen auf unser Handeln und unser Nichthandeln haben als beispielsweise Meinungen. Durch eine systematische Erzeugung geeigneter Ängste lassen sich Denken und Handeln sehr viel wirksamer steuern als mit traditionellen Techniken eines Meinungsmanagements. Da Angst in der menschlichen Evolutionsgeschichte ein Wirkfaktor ist, dem bei der Regulierung sozialer Beziehungen und bei der Errichtung sozialer Ordnungen eine wichtige Rolle zukommt, lässt sich genau diese Funktion auch manipulativ zur Sicherung von Herrschaft nutzen.

Dieser kleine Band basiert wesentlich auf Vorträgen zu dem Thema *Angsterzeugung als Herrschaftstechnik*, die ich an verschiedenen Orten gehalten habe: in Landau auf Einladung der NachDenkSeiten, in Heidelberg auf Einladung des Deutsch-Amerikanischen Institutes und in Frankfurt auf Einladung des Westend Verlages. Er beschäftigt sich mit der Rolle, die eine systematische Erzeugung von Angst in den gesellschaftlichen Entwicklungen der vergangenen Jahrzehnte spielt. Die historisch stets enge Beziehung von Angst und Macht soll dabei unter dem Aspekt behandelt werden, wie sich gesellschaftliche Machtverhältnisse in kapitalistischen Demokratien stabilisieren und sichern lassen. Die dazu erforderlichen Herrschaftstechniken müssen insbesondere dazu geeignet sein, das unauflösliche Spannungsverhältnis von Kapitalismus und Demokratie zu verschleiern. Die entsprechenden Herrschaftstechniken einer Angsterzeugung beziehen sich auf sehr unterschiedliche Aspekte, derer jeder eine sehr viel ausführlichere Darstellung verdienen würde, als es hier möglich ist.

Einige zentrale Faktoren einer systematischen Angsterzeugung sollen im Folgenden kurz behandelt und in ihrem Zusammenspiel beleuchtet werden. Dabei mussten auf knappem Raum sehr verschiedenartige Bereiche miteinander verflochten werden. Das macht die Darstellung recht kompakt und bisweilen auch abstrakt. Da jedoch einige der in diesem Band nur kurz angesprochenen Aspekte ausführlicher in meinem Buch *Warum schweigen die Lämmer?* behandelt werden, habe ich daraus kurze Passagen in Form von Einschüben an der einen oder anderen knapp gehaltenen Stelle hinzugefügt, deren Verständnis vielleicht durch eine solche Ergänzung erleichtert wird.

Informationen, die beim Lesen des Textes unmittelbar nützlich sein könnten, sind als Fußnoten eingefügt, alle anderen Referenzen und Zusatzinformationen als Anmerkungen am Ende des Buches, die auch Lesehinweise für eine ergänzende oder vertiefende Lektüre enthalten.

Rainer Mausfeld, im Mai 2019

Angst und Macht – Herrschaftstechniken der Angsterzeugung in kapitalistischen Demokratien

Macht und Angst gehören in der politisch-gesellschaftlichen Welt eng zusammen.[6] Macht bedeutet das Vermögen, seine Interessen gegen andere durchsetzen zu können↓ und andere dem eigenen Willen zu unterwerfen. Macht hat also für den, der sie hat, viele Vorteile und für diejenigen, die ihr unterworfen sind, viele Nachteile. Macht löst bei den ihr Unterworfenen häufig Gefühle aus, von der Macht überwältig und ihr gegenüber ohnmächtig zu sein. Macht erzeugt also Angst. Da Angst selbst wiederum Macht über die Geängstigten ausübt, haben diejenigen, die es verstehen, Angst zu erzeugen, eine sehr wirkungsvolle Methode, auf diese Weise ihre Macht zu stabilisieren und zu erweitern. Angsterzeugung ist ein Herrschaftsinstrument, und Techniken zum Erzeugen von gesellschaftlicher Angst gehören zum Handwerkszeug der Macht. Diese Einsicht ist so alt wie die Zivilisationsgeschichte. Der große griechische Historiker Polybios (um 200–120 v.u.Z.) bemerkte, dass zur Machtausübung die Masse im Zaum gehalten werden müsse durch *»diffuse Ängste und Schreckensbilder«*.[7] Jedoch müssen auch die Herrschenden Angst haben, durch Aufstände und Revolutionen ihrer Untertanen ihre Macht zu verlieren. Der Philosoph der Aufklärung David Hume stellte 1741 lakonisch fest: *»Nichts ist überraschender als die Leichtigkeit, mit der sich die Vielen von den Wenigen regieren lassen, … denn die GEWALT ist immer auf der Seite der Regierten.«* Dieses »Wunder« bedürfe einer Erklärung – und Hume sah sie in einer geeigneten Manipulation der Meinungen. Für die Zwecke einer Machterhaltung ist freilich ein anderes Mittel, das sehr viel tiefere Wirkungen im psychischen Gefüge hat, unvergleichlich wirksamer: die Erzeugung von Angst.

→ Dabei lassen sich verschiedene Aspekte unterscheiden: Macht kann bedeuten, sich in konkreten Entscheidungen durchzusetzen. Macht kann aber auch bedeuten, die politische Agenda zu bestimmen, also festzulegen, worüber überhaupt Entscheidungen zu treffen sind und welche Themen erst gar nicht zur Entscheidung zugelassen werden. Zudem kann Macht bedeuten, das Gewahrwerden von Interessen zu steuern, also das Bewusstsein zu verändern, eine Form der Macht, die der britische politische Philosoph und Soziologe Steven Lukes »die effektivste und hinterhältigste Form der Macht« (»the most effective and insidious use of power«) nennt. Lukes (2005, S. 27).

Bereits in der Antike wurde erkannt, dass diejenigen, die Macht ausüben wollen, nur die Möglichkeit haben, »*Angst zu erzeugen oder Angst zu erleiden*«.[8]

Mit dem Bedürfnis nach Macht sind einige der dunkelsten Seiten des Menschen verbunden. Unermessliche Blutspuren der Geschichte legen Zeugnis davon ab, dass der menschliche Hunger nach Macht unersättlich ist. Zivilisatorischer Fortschritt bedeutet also vor allem, Wege zu finden, gesellschaftliche Schutzbalken gegen die Exzesse von Macht zu errichten und Macht so einzuhegen, dass nicht einfach der Stärkere über den Schwächeren herrschen kann. Gerade aus diesen Bemühungen um eine radikale zivilisatorische Einhegung von Macht erwuchs die Idee der Demokratie. Sie beruht auf dem Versuch, angemessene Konsequenzen aus den historischen Erfahrungen zu ziehen und auf der Basis eines egalitären Grundprinzips Herrschaft zu vergesellschaften.

Drei Versprechen gehen mit der Demokratie einher:

1. ein Versprechen auf politische Selbstbestimmung, die einem jeden einen angemessenen Anteil an allen politischen Entscheidungen garantiert, die das eigene gesellschaftliche Leben betreffen,
2. ein Versprechen, auf der Basis egalitärer Prozeduren innere gesellschaftliche Konflikte und Konflikte zwischen Staaten auf friedlichem Wege zu lösen, und
3. ein Versprechen, eine größtmögliche Freiheit von gesellschaftlicher Angst zu sichern und auf eine der wirkungsvollsten Machttechniken zu verzichten: der systematischen Erzeugung von Angst.

In welchem Ausmaß demokratische Rhetorik und gesellschaftliche Realität auseinanderklaffen, lässt sich nicht zuletzt daran ermessen, inwieweit die Machtausübenden darauf verzichten, gesellschaftliche Ängste – sei es über physische Gewalt, strukturelle Gewalt oder eine Manipulation der öffentlichen Meinung – systematisch zu schüren. Ein systematisches Erzeugen von gesellschaftlicher Angst entzieht der Demokratie die Grundlage, weil Angst eine angemessene gesellschaftliche Urteilsbildung blockiert und die Entschluss- und Handlungsbereitschaft lähmt. Freiheit von gesellschaftlicher Angst gehört unabdingbar zum Fundament von Demokratie.

Autoritäre oder totalitäre Herrschaftsformen bedienen sich, im Unterschied zu demokratischen, offen einer systematischen Angsterzeugung und Einschüchterung der Bevölkerung. Sie erreichen dies beispielsweise mit einer totalitären Überwachung des privat-gesellschaftlichen Lebens, mit einer öffentlich demonstrierten Anwendung von staatlicher Gewalt und Terror, mit einem wuchernden Gefängnis- und Strafsystem oder einer offen praktizierten Anwendung von Folter.

»Kolyma«, 1952,
Gerd Arntz

Auch die immer wieder in einigen westlichen Demokratien praktizierten Methoden der Folter dienen entgegen der üblichen Rechtfertigungsrhetorik keineswegs der Wahrheitsermittlung, sondern vorrangig dem Erzeugen von Angst. Bereits die Möglichkeit von Folter ist grundsätzlich unvereinbar mit einem demokratischen Rechtsstaat, da ein grenzenloses Ausgeliefertsein einer Person an eine andere die höchste Steigerungsform des Totalitären darstellt.

Angst für Zwecke einer Machtausübung kann auch auf strukturellem Wege systematisch erzeugt werden, insbesondere durch eine entsprechende Wirtschafts- und Rechtsordnung. Bei sogenannten kapitalistischen Demokratien müssen demokratische Rhetorik und kapitalistische Realität zwangsläufig auseinanderfallen. Denn Demokratie und Industrie- und Konzernkapitalismus sind aus grundsätzlichen Gründen nicht miteinander vereinbar.

Der Kapitalismus verlangt eine Unterwerfung unter die Machtverhältnisse, in denen eine Minderheit von Besitzenden

Demokratie und Kapitalismus sind in ihrem Wesenskern miteinander unvereinbar, wie in der Literatur vielfach aufgezeigt wurde. Besonders Noam Chomsky hat – im Einklang mit John Dewey – immer wieder auf diese Unvereinbarkeit hingewiesen: »*Der Begriff ›kapitalistische Demokratie‹ ist gleichsam ein Widerspruch in sich, wenn wir darunter ein System verstehen, in dem normale Leute ausreichende Mittel besitzen, an den Entscheidungen teilzunehmen, die ihr Leben und das Wohl ihrer Gemeinschaft betreffen. Wirkliche Demokratie kann nur durchgesetzt werden, wenn das gesamte, radikal antidemokratische System des Konzernkapitalismus vollständig abgeschafft ist.*« Das Spannungsverhältnis von Kapitalismus und Demokratie liegt also im Wesenskern des Kapitalismus begründet. Es überrascht daher nicht, dass der Kapitalismus unfähig ist, sich aus sich selbst heraus durch Wahlen eine demokratische Legitimation zu verschaffen.

Warum schweigen die Lämmer?, Seite 193

Macht über eine Mehrheit von Nichtbesitzenden ausübt, und schließt daher den Bereich der Wirtschaft sowie die Eigentumsordnung grundsätzlich von einer demokratischen Kontrolle aus. Die jeweils Machtausübenden wollen jedoch auf das Wort »Demokratie« und die Vorteile einer geeignet gestalteten »Demokratie« nicht verzichten, weil sie eine besonders wirksame und vergleichsweise kostengünstige Form der Revolutionsprophylaxe darstellt. Wenn »die Kosten von Repression zu hoch sind und die Versprechen von Zugeständnissen nicht glaubwürdig sind, können Eliten gezwungen sein, Demokratie zu schaffen«.[9] Mit der Entwicklung des Industriekapitalismus wurde es »wahrscheinlicher, dass die potenziellen Kosten der Repression höher sind als die der Demokratie; die Eliten ziehen es dann vor, den unzufriedenen Bürgern die Demokratie zu geben, anstatt Gewalt gegen sie anzuwenden.«[10]

Zudem hat eine Demokratie aus Sicht der Machtausübenden den Vorteil, dass sie Prozeduren anbietet, durch die gewalttätige Konflikte zwischen Elitengruppierungen mit unterschiedlichen Interessen vermieden werden können.[11] Wie der Harvard-Ökonom Dani Rodrik bemerkt: »Wenn die Elite gespalten ist, kann sich die Demokratie als ein System der Machtteilung herausbilden. – Wenn die Eliten die Nicht-Eliten nicht mehr in Schach halten können, können sie eine Wahl durch die Nicht-Eliten vorziehen, anstatt mit der Aussicht auf Instabilität und Revolten konfrontiert zu sein.«[12] Freilich muss die von den Machteliten dem Volk gewährte Demokratie so beschaffen sein, dass diese für sie selbst risikofrei ist, also den Status der Machteliten und insbesondere die Eigentumsordnung nicht gefährdet. Die Organisation einer »kapitalistischen Demokratie« ist also auf die Entwicklung geeigneter Techniken von Propaganda, Meinungsmanagement und Demokratiemanagement angewiesen, durch die sich die unaufhebbaren Widersprüche zwischen Kapitalismus und Demokratie verdecken lassen. Eine kapitalistische

Demokratie kann es ohne massive Beeinflussung der öffentlichen Meinung und ohne systematische Erzeugung von Angst nicht geben. Spätestens seit Beginn des vergangenen Jahrhunderts gehen die Entwicklung kapitalistischer Demokratien und die Entwicklung immer wirksamerer Techniken der Meinungsmanipulation, Angsterzeugung und Erzeugung von politischer Apathie Hand in Hand. In seinem 1995 erschienenen Klassiker *Taking the Risk out of Democracy* stellte der bereits 1987 verstorbene Sozialpsychologe Alex Carey fest: »Das zwanzigste Jahrhundert war durch drei Entwicklungen von großer politischer Bedeutung gekennzeichnet: das Wachstum der Demokratie, das Wachstum der Unternehmensmacht und das Wachstum der Unternehmenspropaganda als Mittel zum Schutz der Unternehmensmacht vor der Demokratie.«[13] Um die kapitalistische Demokratie für die Zentren der Macht risikofrei zu gestalten, wurde Anfang des vergangenen Jahrhunderts in den USA mit hohem Aufwand und unter massiver Beteiligung der Sozialwissenschaften und der Psychologie ein breites Arsenal von Techniken der Meinungs- und Affektmanipulation, der Kontrolle und Zersetzung emanzipatorischer Bewegungen sowie der Begrenzung von Dissens entwickelt.[14] Dies ließ und lässt sich über die Entwicklung geeigneter struktureller Wege bewerkstelligen, insbesondere durch die Aushöhlung oder Aufhebung der Gewaltenteilung zugunsten der Exekutive, durch die Entwicklung ausgefeilter Methoden der Repression, die von der Bevölkerung kaum noch als Repression empfunden werden, sowie durch ein breites Spektrum geeigneter Psychotechniken der Machtsicherung.↓

→ Die Bezeichnung »Psychotechnik« geht auf den einflussreichen Psychologen Hugo Münsterberg (1863–1916) zurück, der als Erster das Programm einer »Psychotechnik« formulierte, mit dem er darauf zielte, die Psychologie ganz in den Dienst der Wirtschaft zu stellen. Die Psychologie solle nur Mittel zum Zweck im Dienste der herrschenden Ordnung sein und »vollkommen von der Vorstellung der wirtschaftlichen Ziele beherrscht« sein; »welches Ziel das bessere ist, ob beispielsweise die Heranziehung tüchtiger und arbeitsfreudiger Arbeitskräfte oder die Gewinnung billiger Arbeiter, geht den wirtschaftstechnischen Psychologen nichts an.« Der Psychologe »weiß nur, wie das Ziel erreicht werden kann; er hat kein Recht, darüber zu urteilen, welchen Wert das Ziel besitzt.« (Münsterberg, 1912, S.18f., 40)

Angst führt zu einer massiven Verengung des Aufmerksamkeitsfeldes und des Denkens; eine kollektive Angsterzeugung lässt sich daher nutzen, um je nach Bedarf der Machtausübenden Vorgänge für die Öffentlichkeit unsichtbar zu machen.[15] Angst blockiert die Befähigung, aus den eigenen gesellschaftlichen Erfahrungen angemessene Schlussfolgerungen zu ziehen. Schließlich intensiviert Angst das Bedürfnis nach Spannungsreduktion. Politisch wiederum lässt sich dies sehr wirksam nutzen, um gesellschaftliche Veränderungsenergien auf »Ablenkziele« zu richten oder um der Bevölkerung durch Konsumismus, Zerstreuung und Unterhaltung Angebote zur Spannungsreduktion zu machen und damit das Ausmaß ihrer Entpolitisierung zu steigern.

↑ »Abend auf der Karl Johans gate«, 1892, Edward Munch (Ausschnitt)

Als Machttechnik ist die Erzeugung von Angst sehr viel wirksamer als eine Manipulation von Meinungen. Meinungen sind zumeist flüchtig und haben in unserem psychischen Apparat als ein bestimmender Faktor unseres Handels gegenüber anderen inneren psychischen Wirkkräften, die in unserer psychischen Architektur in gleichsam tieferliegenden Schichten wurzeln, eine geringere Bedeutung. Angst ist dabei eines der stärksten Gefühle; sie ist ein Grundaffekt unserer Psyche, der im subjektiven Erleben und in weiteren psychischen Auswirkungen einen besonderen Stellenwert im psychischen Gefüge hat.

Angst stellt allgemein eine Verunsicherung des Gefühlslebens dar. Bei Angstaffekten lassen sich grob zwei Typen unterscheiden: nämlich eine auf ein konkretes Objekt bezogene Angst, die zumeist »Furcht« genannt wird, und eine Angst, bei der das konkrete Objekt weniger hervortritt, sondern stärker die in der Psyche ausgelösten Zustände. Diese Form der Angst wurde von Freud »neurotische Angst« genannt, und sie wird in der Psychologie auch als »Binnenangst« bezeichnet.[16]

Binnenängste lassen sich naturgemäß besonders gut für Machtzwecke ausnutzen. Da im Gegensatz zur Realangst die Binnenangst keinen erkennbaren Bezug mehr zu einem externen angstauslösenden Objekt hat, blockiert sie auch die Möglichkeit, durch aktives Handeln oder durch rationale Verarbeitung die Angst bewältigen zu können. Binnenangst bleibt in der Person gefangen, sie wird als gegenstandslose, kaum konkretisierbare Grundstimmung in das eigene Leben aufgenommen, lähmt die betroffene Person, zehrt ihre Energien aus und verstärkt ihre Neigung zu Rückzug, Isolation und schließlich zu Regression und Apathie. Folglich besteht, wie der große Politologe Franz Neumann, einer der Begründer der Politologie, feststellte, das Ziel politischer Angsterzeugung gerade darin, Wege zu finden, wie man Realängste in Binnenängste transformieren kann.

Die Transformation von Realangst in Binnenangst stellt eine zentrale Herrschaftstechnik dar.

Methoden zur Erzeugung von Binnenangst gehören daher zu den vielfältigen Herrschaftstechniken eines Demokratiemanagements, die in kapitalistischen Demokratien entwickelt wurden, um die Diskrepanz zwischen demokratischer Rhetorik und kapitalistischer Realität zu verdecken, um grundlegenden Dissens zu blockieren, um Veränderungsenergien auf Ablenkziele umzuleiten und das Wahlverhalten der Bevölkerung in geeigneter Weise zu lenken. Das breite Spektrum entsprechender Herrschaftstechniken erstreckt sich von wesenhaft mit dem Kapitalismus verbundenen strukturellen Verhältnissen über den Bereich der Ideologieerzeugung↓ bis hin zu einem großen Arsenal an Psychotechniken eines Demokratiemanagements. Zu den strukturellen Verhältnissen, über die sich systematisch Angst erzeugen lässt, gehört vor allem der kapitalistische Zwang zur Lohnarbeit und die mit ihr verbundene Ideologie der Meritokratie, also die Ideologie, dass die sozialen Positionen in einer Gesellschaft durch die erbrachten Leistungen und die erworbenen Verdienste bestimmt seien. Zu den gesellschaftlichen Verhältnissen, über die sich Angst erzeugen lässt, gehören das Rechtssystem[17], Schul- und Ausbildungssysteme sowie alle Institutionen, in denen staatliche Macht ihren Ausdruck findet. Zu den Psychotechniken der Angsterzeugung gehört vor allem die propagandistische Erzeugung einer massiven vorgeblichen Bedrohung, die entschlossen zu bekämpfen vordringliche Aufgabe der Bevölkerung sei.

→ Der Begriff der Ideologie spielt im Projekt der Aufklärung eine bedeutende Rolle. Er bezieht sich auf die Denk- und Glaubenssysteme, die uns in einem Irrtum über die wirklichen gesellschaftlichen Machtverhältnisse gefangen halten und die dazu dienen, die in einer Gesellschaft jeweils gegebenen Machtverhältnisse zu verdecken oder zu rechtfertigen. Ideologien sind gewissermaßen die kollektiven Vorurteile, die den Status quo als selbstverständlich und nicht hinterfragbar erscheinen lassen. Das bedeutet, dass intuitive und nicht durch intellektuelle Anstrengungen gewonnene Äußerungen über die gesellschaftlich-politischen Verhältnisse zwangsläufig eine Widerspiegelung herrschender Ideologien sind. Ideologiekritik bedeutet die Aufklärung über die kollektiven Vorurteile und Rahmenerzählungen, die ein Erkennen und Verstehen gesellschaftlicher Machtverhältnisse verhindern.

Diese strukturellen und psycho-manipulativen Wege der systematischen Angsterzeugung haben auch in kapitalistischen Demokratien bereits eine lange Tradition. Seit dem Anfang des vergangenen Jahrhunderts wurden sie in systematischer Weise umfassend ausgebaut, erweitert und hochgradig verfeinert. Auf diesen Fundus an Herrschaftstechniken der Angsterzeugung konnte der Neoliberalismus aufsetzen und sie an seine spezifischen ideologischen Belange und an seine konkreten Handlungspraktiken anpassen. Dabei wurden die traditionellen Methoden der Angsterzeugung, wie sie sich in kapitalistischen Demokratien herausgebildet hatten, zu ihren materiellen und ideologisch konsequenten Extrempunkten geführt:

Die kapitalistische Form der Lohnarbeit wurde zur Extremform einer Prekarisierung von Lohnarbeit gesteigert, also einem massiven Zuwachs von Arbeitsverhältnissen, die keine materielle Existenzsicherung mehr bieten und durch eine geringe Einkommenssicherheit gekennzeichnet sind.
Die Ideologie der Meritokratie wurde zur Extremform der Ideologie des »unternehmerischen Selbst« gesteigert.
Die traditionelle historische Sicherung der kapitalistischen Ordnung durch eine geeignete Entwicklung des Rechts wurde zur Extremform einer Sicherung der neoliberalen Ordnung durch eine Refeudalisierung des Rechts gesteigert; *Refeudalisierung des Rechts* bedeutet die Entkopplung des Rechts vom demokratischen Prozess und seine Reprivatisierung.
Die durch traditionelle Psychotechniken erzeugte Angst vor einer fiktiven oder realen Bedrohung wurde zur Extremform einer diffusen Bedrohung in Permanenz gesteigert, die sich dann für den weiteren Abbau demokratischer Substanz und für den Umbau des Staates in einen Sicherheits- und Überwachungsstaat nutzen lässt.

Traditionelle Wege der Angsterzeugung in kapitalistischen Demokratien

Kapitalismus ist wesensmäßig mit der Erzeugung von Angst verbunden. Die kapitalistische Eigentumsordnung verpflichtet alle, die über kein eigenes Kapital verfügen, für fremdes Eigentum zu arbeiten, und überführt damit Arbeit in Lohnarbeit. Der Kapitalismus beruht darauf, Kapital zu akkumulieren, indem ein erzielter Mehrwert in vermehrtes Kapital rückverwandelt wird. Arbeit im Kapitalismus bedeutet also Unterwerfung unter die Verwertungsbedingungen des Akkumulationsprozesses und damit unter die Machtverhältnisse, in denen eine Minderheit von Besitzenden Macht über eine Mehrheit von Nichtbesitzenden ausübt. Die Überlebensgrundlage der Nichtbesitzenden hängt also vom erfolgreichen Verkauf der eigenen Arbeitskraft an die Besitzenden ab. Der Zwang zur Lohnarbeit stellt in kapitalistischen Demokratien den Hauptfaktor der Erzeugung gesellschaftlicher Angst dar.[18] Arbeit im Kapitalismus ist grundsätzlich ohne Angst undenkbar. Damit stellt der Kapitalismus bereits strukturell den Rohstoff »Angst« bereit, der sich – direkt wie auch über seine Folgen – für Machtzwecke manipulativ ausbeuten lässt.

Der Kapitalismus will uns zu einem Teufelspakt verführen. Er verspricht uns immerwährenden Fortschritt und eine kontinuierliche Verbesserung unseres Lebensstandards und sorgt zugleich dafür, dass wir große Mühen haben, den dafür zu entrichtenden Preis – sei er psychisch, sozial oder ökologisch – überhaupt erkennen zu können. Zugleich erzeugt eben dieses illusionäre Versprechen Angst. Schon vor der Anfang der 70er-Jahre beginnenden neoliberalen Revolution stellte

Karl Jaspers 1966 fest: »Der Bevölkerung der Bundesrepublik geht es wirtschaftlich so gut wie noch nie, mit Ausnahme der Schlechtweggekommenen, von denen man selten spricht. Es herrscht eine Zufriedenheit im Eifer des Lebensgenusses bei ständig geringer werdender Arbeitszeit und Vermehrung der Konsumgüter, der Reisemöglichkeiten und Vergnügungen. Trotzdem gibt es eine Unruhe. Ist dies Leben auch sicher? Man fürchtet.«[19] Der Kapitalismus verfügt über eine gigantische »illusionserzeugende Kraft«[20], die uns süchtig nach einem Mehr macht und damit zugleich unsere Ängste schürt, dass es nicht unbegrenzt so weitergehen kann. Gerade die Besserweggekommenen sind ängstlich auf die Bewahrung und Verteidigung ihres Status quo fixiert und begegnen allen Bemühungen um die Schaffung einer menschenwürdigeren Gesellschaft mit Misstrauen und Ablehnung.

Da jedoch die illusionserzeugende Kraft des Kapitalismus immer wieder durch die dem Kapitalismus innewohnenden Krisendynamiken brüchig wird, werden zusätzliche Herrschaftstechniken der Angsterzeugung benötigt, damit die Kluft zwischen demokratischer Rhetorik und kapitalistischer Realität nicht in den Fokus der öffentlichen Aufmerksamkeit gelangt.

Drei dieser traditionellen Techniken der Angsterzeugung sollen hier kurz angesprochen werden:

1. die Entformalisierung des Rechts durch systematische Verwendung unbestimmter Rechtsbegriffe,
2. die Ideologie der Meritokratie sowie
3. die Psychotechnik der propagandistischen Erzeugung von vorgeblichen Bedrohungen.

Angsterzeugung durch Entformalisierung des Rechts

Demokratie ist auf ein formal hinreichend klar fixiertes Recht angewiesen, durch das auch bei der Gesetzesanwendung die strikte Bindung aller Staatsapparate an das demokratisch gesetzte Recht garantiert wird. Diese Bindung wird gelöst, wenn bei den Gesetzgebungsverfahren Gesetze durch Verwendung unbestimmter, also nicht hinreichend präzisierter Rechtsbegriffe als – wie Ingeborg Maus dies nennt – »Gesetzesattrappen« formuliert werden, deren Spezifikation und Füllung dann nach Ermessen der anwendenden Instanzen erfolgen kann. Wenn gesetzliche Vorgaben durch Verwendung unbestimmter Rechtsbegriffe – wie beispielsweise »Befürwortung von Gewalt«, »öffentliche Sicherheit«, »Gefährder« oder mit vagen Zielvorgaben oder Generalklauseln, wie »nach pflichtgemäßem Ermessen« – entformalisiert werden, wird die rechtliche Entscheidung eines Sachverhalts gerade nicht durch ein Gesetz bestimmt, sondern durch die Staatsapparate; sie können im konkreten Anwendungsfall die Gesetze nach eigenem Ermessen interpretieren und anwenden.[21] Werden rechtliche Vorgaben also nicht hinreichend formal fixiert, sondern erst in einer konkreten Situation durch die exekutiven Apparate interpretiert, so steigt der Einfluss, den politisch oder ökonomisch mächtige Akteure bei einer situativen Auslegung von Gesetzen haben. Es »genügt der Einbau einer einzigen unbestimmten Rechtsformel in ein Gesetz von ansonsten größter Feinregulierung, um im konkreten Anwendungsfall je nach Bedarf die Einzelbestimmungen des Gesetzes aus den Angeln zu heben. Diese Kombination aus Präzision und Unbestimmtheit in vielen gegenwärtig vordringenden Gesetzesattrappen stellt den politischen Institutionen jeweils zwei Formen der Rechtsanwendung zur Wahl und erweitert damit deren

Eine besonders folgenschwere Form einer Verrechtlichung organisierter Kriminalität der besitzenden Klasse ist das sich gegenüber demokratischen Rechtsstaaten verselbständigende System internationalen Handelsrechts und die Etablierung einer Paralleljustiz in Form von Schiedsgerichten. Diese Entwicklungen stellen eine Form der Refeudalisierung dar, bei der das Recht vom demokratischen Prozess entkoppelt und reprivatisiert wird, so dass sich ökonomisch starke Akteure vom demokratischen Recht befreien und ihre Interessen über ein von ihnen selbst ausgehandeltes transnationales Recht durchsetzen können. Ingeborg Maus stellt dazu fest: »*Die extremste Form der Refeudalisierung, die mit diesem Prozess* [*der Entstehung eines transnationalen Handelsrechts*] *verbunden ist, besteht in der Zurücknahme der Ausdifferenzierung zwischen ökonomischer und politischer Macht, welche das Kennzeichen der Moderne war* [...].

Im Schatten gegenwärtiger Globalisierung ist es großen ökonomischen Akteuren möglich, sich Rechtsanforderungen grundsätzlich zu entziehen. […] *dass große ökonomische Akteure zu Selbstversorgern hinsichtlich der sie betreffenden (und ausschließlich ihren Interessen folgenden) Rechts avancieren. Die mächtigsten globalen gesellschaftlichen Interessen werden so autark.* […] *Die hier entstehenden Normen entspringen den Selbstgesprächen der Interessenten und haben sich dem Verallgemeinerungstest eines demokratisch kontrollierten Gesetzgebungsverfahrens nicht zu stellen. – Das Problem der Rechtfertigung der heute sich entwickelnden lex mercatoria besteht darum vor allem in deren privatvertraglicher Hervorbringung, die sich von jeder gesetzlichen Vorgabe befreit.*«

→ *Warum schweigen die Lämmer?*, Seite 100

Handlungsspielräume, ohne den legitimatorischen Schein der Gesetzesbindung der Staatsapparate aufzugeben.«[22] Durch die legislative Verabschiedung von Gesetzesattrappen – Maus warnt vor einem »System der Selbstversorgung der Regierung mit Gesetzen«[23] – und durch die Verwendung unbestimmter Rechtsbegriffe wird die Demokratie von der Exekutive gleichsam durch die Hintertür entleert: »Dass das Volk aber realiter von den bloß Ermächtigten übermächtigt wird, ist Folge der Entformalisierung des Rechts, das die ›anwendenden‹ Instanzen nach Belieben interpretieren.«[24]

Am Beispiel der Umweltgesetzgebung illustriert Ingeborg Maus, wie eine Entformalisierung des Rechts zu einer Refeudalisierung des Rechts führt: »Der Prozess der Refeudalisierung, der bereits in der Abwanderung der Politik in mächtige Subpolitiken↓ liegt, wird durch die Favorisierung der Justiz als dezentraler Schlichtungsinstanz noch verschärft. Auf diese Weise kommt es auch zu einer Refeudalisierung des gesamten Rechtssystems: während der individuelle Mord, die handgreifliche Körperverletzung und die einzelne Tierquälerei wie eh und je den klassischen Verboten des Rechts unterliegen, errichtet die lediglich gerichtsförmige Einzelfallbearbeitung von Umweltschäden für die millionenfachen Täter wahrhaft feudale Privilegien, die den Universalismus des modernen Rechts ganz grundsätzlich außer Kraft setzen.«[25]

Durch eine Entformalisierung des Rechts haben nämlich mächtige ökonomische Interessengruppen sehr viel höhere Chancen als der Einzelne, die für sie vorteilhaften Lesarten bei der Anwendung eines Gesetzes durchzusetzen.

→ Subpolitiken – damit sind Arten einer Gesellschaftsgestaltung gemeint, die von mächtigen Akteuren in Eigenregie außerhalb von Parteien und Parlamenten als den Institutionen demokratischer Willensbildung betrieben wird.

Einer Entformalisierung des Rechts kommt auch im Rahmen eines Dissens- und Empörungsmanagements eine große Rolle zu, da sie unter anderem den Weg zu einem Gesinnungsstrafrecht eröffnet. Dazu bietet sich etwa der Begriff des »Gefährders« an. Als *Gefährder* seien Personen anzusehen, bei denen bestimmte Tatsachen die Annahme der Polizeibehörden rechtfertigen, dass diese Personen erhebliche Straftaten begehen könnten. Wolfgang Schäuble sprach sich 2007, als damaliger Innenminister, für Internierungslager für Gefährder aus.[26] Nach dem 2017 verabschiedeten Bayerischen Polizeiaufgabengesetz können Gefährder, ohne dass eine Straftat vorliegt, schon wegen sogenannter »drohender Gefahr«, unbefristet in Haft genommen werden. Eine Person kann also in eine »Unendlichkeitshaft« (Heribert Prantl) genommen werden, ohne eine Straftat begangen zu haben. Durch geeignete unbestimmte Rechtsbegriffe kann schon die bloße Anwesenheit an einer Demonstration, bei der es zu Sachbeschädigungen kam, als »gemeinsamer Tatentschluss« interpretiert werden, durch den Einzelne für das Verhalten anderer haftbar gemacht werden können. Dies wiederum hat – politisch genau gewünscht – zur Folge, dass grundsätzlich die Bereitschaft, eigene Handlungsspielräume zur Artikulation von politischem Protest und Dissens wahrzunehmen, sinken wird. Andererseits ist in Fällen von Wirtschaftskriminalität kaum damit zu rechnen, dass die anwendenden Instanzen zu einer entsprechenden Auslegung eines »gemeinsamen Tatentschlusses« kämen. Auch hier eröffnet eine Entformalisierung des Rechts, wie eine Fülle aktueller Fälle illustriert, mächtigen Akteuren »wahrhaft feudale Privilegien«.[27]

Demokratisches Recht verlangt Rechtssicherheit und Rechtsklarheit durch präzise gefasste und inhaltlich allgemeine, gesetzliche Tatbestände.[28] Eine Entformalisierung des Rechts lässt, besonders im Bereich derjenigen gesellschaftlichen

Aktivitäten, durch die ein politischer Dissens artikuliert wird, staatliches Handeln unvorhersehbar und unberechenbar werden. Die derart erzeugten Ängste sind politisch erwünscht. Eine Entformalisierung des Rechts ebenso wie eine Ermöglichung einer Blanko- und Vorschusslegalität, also das Erlassen von Gesetzen, die nur nachträglich, gleichsam auf Vorschuss oder blanko definieren, was erlaubt oder verboten ist, stellen, wie der Rechtswissenschaftler Günter Frankenberg im Detail aufzeigt, wesentliche Methoden einer »Staatstechnik« zur Stabilisierung von Machtverhältnissen dar.[29]

Unbestimmte Rechtsbegriffe, die den Apparaten der Exekutive einen an Willkür grenzenden Spielraum bei einer situativ bestimmten Auslegung lassen, durchziehen in charakteristischer Weise auch rechtswissenschaftliche Diskussionen zur Einführung eines »Feindstrafrechts«, wie es von dem renommierten Rechtswissenschaftler Günther Jakobs vorgeschlagen wird. Eigentlich ist die Einführung des Begriffes »Feind« in das Strafrecht rechtsstaatlich absurd, weil jemand, der sich legal verhält, nicht aus Gründen, die innerhalb der Rechtsordnung nicht erfasst werden – und sich beispielsweise auf eine rechtlich nicht kodifizierte »Wertordnung« beziehen –, nicht als »Feind« bezeichnet werden kann. Die Idee eines Feindstrafrechts zielt auf die Entwicklung eines Strafrechts, das bestimmten Gruppen von Menschen die Bürgerrechte versagt und sie als Feinde der Gesellschaft oder des Staates außerhalb des für die Gesellschaft geltenden Rechts stellt. Das Feindstrafrecht löst die Exekutivorgane von rechtsstaatlichen Bindungen und ermöglicht ihnen die Anwendung aller zur Verfügung stehenden Mittel. Bei der Festlegung dessen, was als bestimmendes Merkmal eines »Feindes« anzusehen sei, spielt bei Jakobs der Begriff der »kognitiven Sicherheit« eine wichtige Rolle: »Wer keine hinreichende kognitive Sicherheit

↑ »Arbeitslose«, 1931,
Gerd Arntz

personalen Verhaltens leistet, kann nicht nur nicht erwarten, noch als Person behandelt zu werden [...] Der prinzipiell Abweichende bietet keine Garantie personalen Verhaltens; deshalb kann er nicht als Bürger behandelt, sondern muss als Feind bekriegt werden.«[30] Das Feindstrafrecht ist also bereits seinem Wesen nach ein Angstrecht und dient dazu, den Status quo zu stabilisieren.

Die Ideologie der Meritokratie als Ursprung gesellschaftlicher Angst

Eine »gute« Regierung, so war man schon in der Antike überzeugt, könne nur eine Regierung der Wenigen und Tüchtigsten sein. Platon wie Aristoteles sahen daher, wenn auch in unterschiedlicher Weise, die Regierungsform der Demokratie als eine Verfallsform guter Regierungsformen an. Eine Demokratie könne nämlich dazu führen, dass die Mehrzahl der Nichtbesitzenden – also »Untüchtigen« – die Eigentumsordnung in Frage stellt, was für die Minderheit der Besitzenden – also Tüchtigen – von Nachteil sei.

Die meritokratische Ideologie geht jedoch über die Vorstellung hinaus, dass politische Herrschaft den Besten und Geeignetsten zukommen solle. Vielmehr sucht sie für soziale Hierarchien einer Gesellschaft insgesamt eine Rechtfertigung zu liefern. In einer meritokratischen Gesellschaft nimmt jedes Mitglied die von ihm verdiente gesellschaftliche Position ein. Die Reichen haben ihren Reichtum und ihre soziale Position durch ihre Tüchtigkeit verdient, und aus gleichem Grund sind die Armen zu Recht arm. Die meritokratische Ideologie dient gerade dazu zu verschleiern, dass zwischen beiden ein gesellschaftliches Beziehungsverhältnis besteht. Zu Beginn des 5. Jahrhunderts forderte ein unbekannter römischer Autor:

»Man beseitige die Reichen und es gibt keinen Armen mehr! Wenn niemand mehr besitzt, als das was nötig ist, so haben alle das, was nötig ist. Denn wenige Reiche sind die Ursache von vielen Armen.«[31]

Wörtlich bedeutet Meritokratie, dass diejenigen zur Ausübung von Macht legitimiert sind, die sich durch Leistungen ein Verdienst erworben haben. Bereits in dieser Bestimmung wird eine charakteristische Zirkularität erkennbar, denn welches Verdienst könnte größer sein als dasjenige, zur besitzenden und herrschenden Klasse zu gehören? Auch wenn das Wort »Meritokratie« neueren Ursprungs ist, so reichen die Wurzeln meritokratischer Rechtfertigungsbemühungen sozialer Unterschiede weit in die Zivilisationsgeschichte zurück. Sie fanden bei Platon und Aristoteles einen wirkmächtigen Ausdruck, dessen Echo über alle egalitär-demokratischen Bestrebungen hinweg bis in die Gegenwart nachhallt.[32] Meritokratie und Kapitalismus sind dabei eine besonders enge Beziehung eingegangen, weil der Kapitalismus über den Kapitalbesitz ein präzisierbares und quantifizierbares Maß zur Bewertung von Verdienst offeriert.[33]

Es gehört zur Beschaffenheit des Menschen, dass der sich in einer glücklichen sozialen Situation Befindende nicht einfach glücklich sein will, sondern dazu neigt, sich zu vergewissern, dass er auch ein Recht auf dieses Glück besitzt und somit die Not anderer Menschen als ebenfalls gerechtfertigt betrachten kann. Max Weber sprach 1916 in seiner Einleitung zur *Wirtschaftethik der Weltreligionen* von einer »Theodizee des Glücks« – Theodizee bezeichnet dabei die christlichen Versuche einer Erklärung, wie es ein allmächtiger und gütiger Gott zulassen könne, dass guten Menschen so viel Böses widerfahre.

»Das Glück will legitim sein. Wenn man unter dem allgemeinen Ausdruck: ›Glück‹ alle Güter der Ehre, der Macht, des

Besitzes und des Genusses begreift, so ist dies die allgemeinste Formel für jenen Dienst der Legitimierung, welchen die Religionen dem äußeren und inneren Interesse aller Herrschenden, Besitzenden, Siegenden, Gesunden, kurz: Glücklichen zu leisten hatte: kurz die Theodizee des Glücks.«

In einem Hirtenbrief der Bischöfe Spaniens von 1954 hieß es: Es muss Arme geben, damit die Reichen das Gebot der Nächstenliebe überhaupt erfüllen können. Erst das Leiden der Armen ermöglicht den Reichen, ihre Güte zu zeigen. Die Armen sind also nicht nur unverzichtbar als materielle Basis für den Reichtum der Reichen; sie sind auch unverzichtbar für deren spirituelle Erbauung. Reichtum wünscht sich moralisch zu nobilitieren. Mit Reichtum können sich die Reichen sogar die Verehrung durch die Armen erkaufen. Von John D. Rockefeller bis Bill Gates zeigt sich, welch wirkungsvolle und ertragreiche Wege einer Metamorphose zum »Philanthropen« kapitalistische Demokratien denjenigen offerieren, die durch Ausbeutung von Gemeingütern, Menschen und Institutionen großen Reichtum akkumuliert haben.

Die Ideologie der Meritokratie gehört zu »all denjenigen Strategien, deren Funktion es ist, die Dinge so, wie sie sind, zu rechtfertigen«.[34] In kapitalistischen Demokratien dient die Ideologie der Meritokratie dazu, den Status quo einer Herrschaft der Besitzenden zu rechtfertigen und die Nicht-Besitzenden zu einer Duldung und Zustimmung zu bringen, indem ihnen die Hoffnung vermittelt wird, dass sie bei genügender Leistung und Anstrengung ihren sozialen Status verbessern könnten. Durch eine derartige Ideologie einer Leistungsgesellschaft wird suggeriert, dass die eigene soziale Position durch Begabung und Leistung bestimmt sei und in diesem Sinne die Gesellschaft eine gerechte sei. Tatsächlich bestimmen jedoch, wie Franz Neumann feststellte, nicht »die Anstrengungen des Einzelnen, seine Intelligenz, seine Vision, seine Risikobereitschaft« den sozialen Erfolg: »Für den Erfolg in der heutigen Gesellschaft ist es viel wichtiger, mit den Mächtigen gut zu stehen, als sich durch eigene Kraft zu bewähren.«[35] Zu den paradoxen Eigenschaften einer kapitalistischen Leistungsgesellschaft gehört es, dass sie denjenigen, die über Kapital verfügen, das feudale Privileg auf ein unbegrenztes leistungsloses Einkommen verschafft, also das paradiesische Privileg, ohne Arbeit, ohne Risiko und ohne sich einzuschränken gleichsam im Schlaf reich zu werden, wie John Stuart Mill 1848 bemerkte.[36]

Die Ideologie einer Leistungsgesellschaft, in der der gesellschaftliche Status eines Menschen durch seine individuell erbrachten Leistungen bestimmt sei, ist so tief in unserer Kultur verankert, dass wir sie gar nicht mehr als Ideologie bemerken. Schule, Universitäten und der gesamte Bildungsbereich dienen ihrer Verbreitung und sind auf ihrer Grundlage organisiert. Sie führt bei denjenigen, die nicht zu den sozial glücklich Gestellten einer Gesellschaft gehören, dazu, dass diese sich die Ursachen für ihre Situation selbst zuschreiben. Sie erzeugt daher bei einem großen Teil der Bevölkerung angst- und schamauslösende Versagensgefühle. Diese werden jedoch nicht als Realangst ungerechten sozialen Verhältnissen zugeschrieben und in eine gesellschaftliche Veränderungsenergie umgesetzt. Vielmehr werden die gesellschaftlichen Verhältnisse, die nicht mehr als etwas Überwindbares und Abänderbares erkannt werden können, gleichsam nach innen verlegt. Die Versagensängste werden zu Binnenängsten, die eine lähmende Scham erzeugen können und dadurch wiederum zu einer Entpolitisierung beitragen. Diese Transformation von Realangst in Binnenangst wird im Neoliberalismus durch die Ideologie des »unternehmerischen Selbst« zu ihrem Extrem geführt, wie weiter unten aufgezeigt werden soll.

Angsterzeugung durch die propagandistische Erzeugung einer vorgeblichen Bedrohung

Manifeste Angst in der Bevölkerung kann besonders wirksam durch die massenmediale Propagierung tatsächlicher oder vermeintlicher Gefahren gesteigert werden. Historische und aktuelle Beispiele dazu gibt es im Überfluss. Prominentes historisches Beispiel ist die Art und Weise, wie unter US-Präsident Woodrow Wilson (1856–1924) eine kriegsunwillige Bevölkerung in recht kurzer Zeit kriegsbereit gemacht wurde.

Ein aktuelles Beispiel ist der durch die USA und NATO orchestrierte Aufbau eines russischen Feindbildes. Die Geschichte hat immer wieder gezeigt, dass sich durch die Projektion eigener Motive auf »den Feind« – die man dann beim Feind bekämpfen kann – die Duldung oder Zustimmung der Bevölkerung für einen geplanten Angriffskrieg gewinnen lässt. Der Angriffskrieg wird dann einfach deklariert als Verteidigungskrieg gegen einen mächtigen Aggressor, der »uns« und »unsere Werte« zu zerstören drohe. Bereits 1927 erkannte der Politikwissenschaftler Harold Lasswell: »Die psychologischen Widerstände gegen Krieg sind in modernen Nationen so groß, dass jeder Krieg als ein Verteidigungskrieg gegen einen bedrohlichen, mörderischen Aggressor erscheinen muss. Es darf keine Zweifel darüber geben, wen die Öffentlichkeit zu hassen hat.«[37]

Da beispielsweise beim gegenwärtigen Aufbau eines russischen Feindbildes die eigentlichen Motive einer aggressiven Machtpolitik der USA Teilen der Bevölkerung jedoch nicht gänzlich verborgen bleiben, ist es notwendig, eine Vielzahl von »Zentren der strategischen Kommunikation« aufzubauen, in denen geeignete Methoden eines *»perception managements«* und zur »Kontrolle der Narrative« entwickelt werden, auf deren Basis dann durch Einbezug der Medien gezielte Desinformation betrieben werden kann. Ein gegenwärtiges Beispiel für die Koordination derartiger Desinformationskampagnen stellt die *Integrity Initiative* dar; dabei handelt es sich um ein von Großbritannien aus operierendes internationales verdecktes Netzwerk zur Beeinflussung der öffentlichen Meinung und politischer Entscheidungsträger, das vom britischen und amerikanischen Außenministerium und der NATO finanziert wird und unter dem Leitspruch »*Defending Democracy Against Disinformation*« europaweit antirussische Medienkampagnen koordiniert.[38]

Demselben Zweck einer Verdeckung eigener Ziele und Absichten dient eine Angsterzeugung durch propagandistische Deklaration einer großen Gefahr *X*, der die Bevölkerung durch einen »Kampf gegen X« entschlossen entgegentreten müsse. Eine derartige propagandistische Warnung begleiten die staatlichen Apparate durch »die gegenwärtig alles beherrschende Verheißung des Schutzes vor Terrorismus und Bösem aller Art«.[39] *X* kann dabei so ziemlich alles sein, was sich irgendwie wirksam zur Angsterzeugung nutzen lässt. *X* kann also für »Kommunismus« stehen, für Migranten, »Sozialschmarotzer«, Terrorismus, *Fake News* und Desinformation, Rechtspopulismus, Islamismus oder für irgendetwas anderes. Durch die propagandistische Ausrufung eines »Kampfes gegen *X*« lassen sich in »kapitalistischen Demokratien« gleichzeitig mehrere von den Zentren der Macht gewünschte Ziele erreichen: Zum einen wird der für Machtzwecke nutzbare Rohstoff »Angst« produziert, zudem lässt sich die Aufmerksamkeit sehr wirksam auf Ablenkziele richten, und schließlich lassen sich unter dem Vorwand eines Kampfes gegen *X* demokratische Strukturen abbauen und auf allen Ebenen der Exekutive und Legislative autoritäre Strukturen etablieren.

Ein instruktiver historischer Fall, der zudem eng mit der Entstehungsgeschichte von Techniken systematischer Propaganda verbunden ist, ist das 1917 gegründete Committee on Public Information (die sogenannte Creel-Kommission), in dem auch Edward Bernays Mitglied war. Diese Kommission hatte den Auftrag, die Zustimmung der Bevölkerung für den Eintritt der USA in den Ersten Weltkrieg ab 1917 zu gewinnen. Das amerikanische Volk war damals ausgesprochen kriegsunwillig, und Woodrow Wilson hatte die Präsidentschaftswahl 1916 mit einer »Friedensplattform« und dem Versprechen sozialdemokratischer Arbeitsgesetze sowie strikter Neutralität zum europäischen Krieg gewonnen. Nachdem der uneingeschränkte U-Boot-Krieg des Deutschen Reiches von den USA zum Anlass genommen worden war, 1917 in den Krieg einzutreten (*»the war to end all wars«*), sollte die Bevölkerung in möglichst kurzer Zeit für eine Kriegsunterstützung gewonnen werden. Das war für die damals erst in den Anfängen ihrer systematischen Entwicklung stehende mediale Propagandamaschinerie eine große Herausforderung.

Ein zentraler Aspekt zur Lösung des Problems wurde durch den Politikwissenschaftler Harold Lasswell so auf den Punkt gebracht: »*Die psychologischen Widerstände gegen Krieg sind in modernen Nationen so groß, dass jeder Krieg als ein Verteidigungskrieg gegen einen bedrohlichen, mörderischen Aggressor erscheinen muss. Es darf keine Zweifel darüber geben, wen die Öffentlichkeit zu hassen hat.*«
Die von der Creel-Kommission entworfene und orchestrierte Kampagne erwies sich durch Einsatz von flächendeckender Propaganda und Falschnachrichten zur Erzeugung von Hass, extremem Nationalismus und Patriotismus sowie durch massive Produktion von Falschnachrichten als ausgesprochen effektiv. Zugleich versicherte die Kommission, dass ihre Aktivitäten keineswegs Propaganda seien, sondern »*simple, straightforward presentation of facts*«. Innerhalb kürzester Zeit ließ sich die zuvor kriegsunwillige Bevölkerung in begeisterte Kriegsunterstützer verwandeln und zeigte zudem eine große Bereitschaft, jede Art von Friedensaktivitäten zu diffamieren und zu diskreditieren.

→ *Warum schweigen die Lämmer?*, Seite 190 f.

Die heute als populistisch deklarierten politischen Erscheinungsformen lassen sich verstehen als eine Reaktion des Volkes auf die stete erlittene Verachtung durch die Eliten. Heftige Affekte, die aus der erfahrenen Verachtung resultieren, entladen sich nun mit populistischer Wucht und Unberechenbarkeit, oft auch in Formen, die mit dunkleren Seiten der menschlichen Natur verbunden sind, insbesondere in Form rassistischer und kulturrassistischer Ressentiments. Diese Affekte sind oft als Abwehr gegen die eigenen Ohnmachtsgefühle zu verstehen und richten sich nun vor allem gegen die Schwächsten. Ohnmachtsgefühle wurden und werden seit Jahrzehnten in systematischer Weise erzeugt, um das Volk von einer politischen Partizipation fernzuhalten. Das Aufblühen des Rechtspopulismus ist somit eine direkte Folge der vorhergegangenen Jahrzehnte neoliberaler Politik und Ideologie der Alternativlosigkeit und der damit verbundenen Entleerung des politischen Raumes. Zugleich suchen die neoliberalen Parteien, die sich der »Mitte« zurechnen, den von ihnen erst mit hervorgebrachten Rechtspopulismus für eine weitere Angsterzeugung zu nutzen, um sich durch eine solche Drohkulisse bei Wahlen zu stabilisieren.

Der von oben verkündete Kampf gegen den Rechtspopulismus verdeckt, wie groß die Gemeinsamkeiten mit dem, was es angeblich abzuwehren gilt, tatsächlich sind. Dies betrifft sowohl die populistische Rhetorik als auch die den Rechtspopulismus kennzeichnenden Aspekte rassistischer und kulturrassistischer Ressentiments.

Zur Form populistischer Rhetorik: Politik und Medien bedienen sich, wenn es darum geht, ihre politische Agenda zu vermitteln, seit jeher einer Form kommunikativer Mittel, durch die sich die adressierten Teile der Bevölkerung besonders wirksam mobilisieren lassen. Zu diesen Mitteln gehören insbesondere unzulässige und auf schnell aktivierbare Affekte zielende Vereinfachungen, wie sie für eine populistische Sprache charakteristisch sind. Ein Blick auf die Wahlplakate der vergangenen Jahrzehnte sollte genügen, um sich davon zu überzeugen, wie aufrichtig und entschlossen sich die Parteien um die Vermeidung populistischer Rhetorik und populistischer Komplexitätsreduktion bemühen.

Die alltägliche politische Sprache von Politikern und Journalisten geht jedoch in der Regel weit über traditionelle Formen populistischer Kommunikation hinaus. Diese politisch-journalistische Alltagssprache fällt in eine gänzlich andere Kategorie als in die Kategorie volkstümlicher Vereinfachungen und volkstümlicher Affektnähe. Sie fällt überhaupt nicht mehr in eine Kategorie rationaler Kommunikation, denn die Sprache hat hier alle argumentative Struktur eingebüßt und dient hier nicht mehr einer möglichst rationalen Vermittlung von Überzeugungen und Gesichtspunkten. Sie wird nicht mehr als ein Instrument betrachtet, mit dem sich durch argumentative Bemühungen um eine Objektivierung subjektiver Interessen eine gemeinsame Basis zur Kommunikation über unterschiedliche Denkwelten bereitstellen lässt.

Vielmehr artikuliert sich in der von Politikern und Journalisten zumeist favorisierten Sprache ein tiefer Anti-Intellektualismus und mit ihm eine Geringschätzung, wenn nicht gar eine Verachtung für das Argument überhaupt.[40] In derartigen Diskurssimulationen, wie sie die Medien tagtäglich inszenieren, gibt es nichts mehr, das sich durch Argumente oder empirische Befunde widerlegen ließe. Jeder Widerlegungsversuch würde

Von den intellektuellen Gehilfen der Machteliten wurde rasch erkannt, dass Demokratie nur dann im gewünschten Sinne funktionieren kann, wenn es durch »Soft-Power«-Techniken gelingt, eine umfassende Entpolitisierung und politische Lethargie des Staatsvolkes zu erzeugen. Durch geeignete Techniken kann man also die von Étienne de La Boétie analysierte »freiwillige Knechtschaft« des Menschen, in der die Unterdrückten die Unterdrückung paradoxerweise freiwillig akzeptieren, fördern, indem man sie durch Konsumismus, Infantilisierung und glückliche Unmündigkeit möglichst angenehm gestaltet – eine gesellschaftliche Entwicklung, die bereits Aldous Huxley in seinem dystopischen Roman *Schöne neue Welt* (1932) scharfsinnig vorausgeahnt hat. Huxley beschreibt die Möglichkeiten, wie durch geschicktes Ausnutzen der Schwachstellen des menschlichen Geistes »politische Machthaber und ihre Armee von Managern eine Bevölkerung beherrschen können, die gar nicht gezwungen zu werden braucht, weil sie ihre Knechtschaft lieben«. Demokratiemanagement durch Lethargieerzeugung.

Es bedarf natürlich einiger Anstrengungen der Volkserziehung durch die Eliten, bis das Volk bereit ist, die ideologische Unterteilung in »Elite« und »Volk« zu akzeptieren, und somit überzeugt ist, dass das Volkswohl bei den Eliten am besten aufgehoben sei.
Eine Möglichkeit, dies zu bewerkstelligen, könnte sein, dem Volk die entsprechenden Überzeugungen mit klassischen Techniken der Propaganda regelrecht einzutrichtern. Sehr viel wirksamer und nachhaltiger ist es jedoch, grundlegender anzusetzen und insgesamt die Befähigung zu blockieren, überhaupt Überzeugungen auszubilden. George Orwell und Hannah Arendt haben, mit unterschiedlichen Mitteln, genau diesen Aspekt in ihrer Analyse totalitärer Herrschaftssysteme klar erkannt. Hannah Arendt betonte, dass es nie das Ziel einer totalitären Erziehung gewesen sei, bestimmte Überzeugungen einzuflößen, sondern dass es vielmehr darum gehe, die Befähigung zu zerstören, überhaupt irgendwelche Überzeugungen zu entwickeln:
»The aim of totalitarian education has never been to instill convictions but to destroy the capacity to form any.«

→ *Warum schweigen die Lämmer?*, Seite 70

Die Bedeutung einer Überflutung mit Nichtigkeiten für die Frage, wie man Menschen dazu bringen kann, ihre Knechtschaft hinzunehmen, wurde auch von Aldous Huxley erkannt. Huxley schrieb 1958, dass man früher der Auffassung gewesen sei, bei der Identifikation von Propaganda ginge es bloß um die Frage, ob eine Nachricht wahr oder falsch sei. Eine solche Auffassung ginge jedoch völlig an dem vorbei, was tatsächlich »in unseren kapitalistischen Demokratien« passiert ist, nämlich *»die Entwicklung einer Medienindustrie, der es nicht um richtig oder falsch geht, sondern die sich mit mehr oder weniger völlig irrelevanten Dingen beschäftigt. In anderen Worten: Die frühen Vorstellungen über Propaganda haben versäumt, den fast unersättlichen Drang des Menschen nach Ablenkung durch Nichtigkeiten zu berücksichtigen.«* Hier bleibt die tiefergehende Frage, welche gesellschaftlichen und psychologischen Faktoren erst psychische Entwicklungen wie einen »Drang zu Nichtigkeiten« (und zu *trash* und *junk*) entstehen lassen.

→ *Warum schweigen die Lämmer?*, Seite 107

nur ein neues Rauschen an Wörtern hervorrufen, bei denen längst die Frage bedeutungslos geworden ist, was sie und ob sie überhaupt etwas bedeuten. Selbst die Bezeichnung »Diskurssimulation« wäre ein Euphemismus, da die Vorstellung eines rationalen Diskurses, also eine Vorstellung von dem, was eigentlich simuliert werden soll, schon längst nicht mehr vorhanden ist. Alles ist möglich, alles ist zulässig – nach dem Motto: *My ignorance is as good as your knowledge!* Was alleine zählt, ist der Zustimmungseffekt bei den Adressaten. In der politischen Kommunikation scheint mittlerweile der letzte verbliebene Hort von Rationalität bei den PR-Agenturen zu liegen, die noch einer gewissen technischen Rationalität folgen, wenn sie möglichst wirkungsstarke Worthülsen entwickeln und erproben. Bei den politischen Anwendern dieser sorgfältig auf Effekt getrimmten Worthülsen geht es hingegen nur darum, im politischen Streit publikumswirksam zu siegen und mit geeigneten Signalwörtern möglichst wirkungsvoll »Freund« und »Feind« zu markieren. In solchen Formen politischer Diskursverwahrlosung und Diskursverrohung ist Sprache nur noch die Fortsetzung der Faust mit anderen Mitteln.

Zugleich dient die durch eine Verwendung bedeutungsleerer, doch effektstarker Worthülsen hervorgebrachte politische Diskursvermüllung – der gegenüber sich jedes altmodische Reden über *fake news* nur noch als lächerlich erweist – einem weitergehenden machtstrategischen Ziel. Es geht nämlich um das machtstrategisch sehr viel tiefere psychotechnische Ziel, bei der Bevölkerung – in Hannah Arendts Worten – grundsätzlich die Befähigung zu blockieren oder zu zerstören, überhaupt irgendwelche Überzeugungen ausbilden zu können.

Der US-amerikanische Medienwissenschaftler Neil Postman hat 1985 in seinem Klassiker *Wir amüsieren uns zu Tode* prägnant aufgezeigt, mit welchen Mitteln die Massenmedien dazu beitragen, grundsätzlich die Befähigung zur Ausbildung politischer Überzeugungen zu unterminieren. »Wir stehen hier vor der Tatsache, dass das Fernsehen die Bedeutung von ›Informiertsein‹ verändert, indem es eine neue Spielart von Information hervorbringt, die man besser als Desinformation bezeichnen sollte. [...] Desinformation ist nicht dasselbe wie Falschinformation. Desinformation bedeutet irreführende Information – unangebrachte, irrelevante, bruchstückhafte oder oberflächliche Information –, Information, die vortäuscht, man wisse etwas, während sie einen in Wirklichkeit vom Wissen weglockt.«[41]

Die gegenwärtigen Formen politischer Kommunikation sind also keineswegs neue Entwicklungen, sondern nur konsequente Steigerungen der politischen Funktionen von Massenmedien in kapitalistischen Demokratien. Bereits 1956 hatte Günther Anders in seinem kulturkritischen Werk *Die Antiquiertheit des Mensche*n aufgezeigt, dass das Fernsehen seine Nutzer – »vereinzelte Masseneremiten« – dazu verführt, ein medial vermitteltes Zerrbild für die Realität zu halten. Wenn sich das Geschehen der Welt nur noch als medial »arrangiertes Schauspiel abspielt«, wird »ausdrückliche Ideologie überflüssig«: »Wo sich die Lüge wahrlügt, ist ausdrückliche Lüge überflüssig.«[42]

In der Entwicklungsdynamik des Neoliberalismus hat die Methode einer Diskursvermüllung in den vergangenen Jahrzehnten einen besonders hohen Stellenwert erhalten. Philip Mirowski bemerkt hierzu: »Verwirrung wurde zu einer bewussten politischen Strategie, die sich stark von dem Top-Down-Modell der »Propaganda« des frühen 20. Jahrhunderts unterscheidet. [...] Heute basiert die Desinformation auf der Schaffung eines Nebels von Verwirrung und Desillusion.

Sie beruht weniger auf einer direkten Medienmanipulation (dem Schreckgespenst der nostalgischen Linken) als auf einer Ernte des Gequatsches der allgemeinen Bevölkerung über die sozialen Medien, die anschließend über Plattformen wie Facebook, Twitter an die Massen zurückgespeist wird. [...] Der Informations-Markt wird als Verstärker genutzt, um das Vulgäre, das Geschwätz, das Kauderwelsch und den allgemeinen Lärm wieder in die Öffentlichkeit zu bringen, die ihn überhaupt erst in einem kybernetischen Rückkopplungskreislauf erzeugt, so weit, dass die Menschen keine Ahnung haben, was tatsächlich in ihrer eigenen Welt vor sich geht.«[43] Die sogenannten sozialen Medien haben Wege eröffnet, die verbliebenen Reste argumentationsbasierter Kommunikation aus den Köpfen zu spülen und ein Rauschen zu erzeugen, das Machtverhältnisse einer rationalen Verstehbarkeit entzieht und somit unsichtbar macht. Sie begünstigen eine Form der Kommunikation, bei der sich kaum noch ein Austausch von zumindest Argumentähnlichem beobachten lässt und die sich auf durch keine Verstandesakte gefilterten Äußerungen des je eigenen »gesunden Menschenverstandes« beschränkt. Politische Kommunikation wird damit in noch stärkerem Maße Teil der für kapitalistische Demokratien unverzichtbaren Zerstreuungs- und Unterhaltungsindustrie.↓

→Neil Postman hatte bereits darauf hingewiesen, wie grundsätzlich sich moderne Formen des Demokratiemanagements von klassischen eines »Top-Down-Modell der ›Propaganda‹ des frühen 20. Jahrhunderts«(Philip Mirowski) unterscheiden: »Orwell fürchtete diejenigen, die Bücher verbieten. Huxley fürchtete, dass es eines Tages keinen Grund mehr geben könnte, Bücher zu verbieten, weil keiner mehr da ist, der Bücher lesen will. Orwell fürchtete jene, die uns Informationen vorenthalten. Huxley fürchtete jene, die uns mit Informationen so sehr überhäufen, dass wir uns vor ihnen nur in Passivität und Selbstbespiegelung retten können.
Orwell befürchtete, dass die Wahrheit vor uns verheimlicht werden könnte. Huxley fürchtete, dass die Wahrheit in einem Meer von Belanglosigkeiten untergehen könnte.«
Postman (1985, S. 7f.)
Postman beschließt seine Analysen mit Worten, die heute als Gegenwartsdiagnose gültiger denn je sind: »Die Menschen in *Schöne neue Welt* leiden nicht daran, dass sie lachen, statt nachzudenken, sondern daran, dass sie nicht wissen, worüber sie lachen und warum sie aufgehört haben, nachzudenken.«
Postman (1985, S. 198)

Diese Entwicklungen führen zwangsläufig zu einer weiteren Entleerung des politischen Raumes und senken die Chancen auf die Schaffung einer halbwegs kohärenten und attraktiven emanzipatorischen Rahmenerzählung, auf deren Basis sich politischer Widerstand organisieren und politisch wirksam machen ließe.

Für die Stabilisierung der sich im Neoliberalismus herausgebildeten Machtverhältnisse ist ein Verfall des öffentlichen politischen Diskurses, besonders, wenn er als solcher nicht erkannt wird, von enormen Vorteil. Da sich das Spannungsverhältnis von Kapitalismus und Demokratie in der neoliberalen Extremform des Kapitalismus nicht mehr durch bewährte orwellsche Strategien einer Top-Down-Meinungsmanipulation – beispielsweise durch systematische Veränderung der Bedeutung von Wörtern – verdecken lässt, ist der Neoliberalismus darauf angewiesen, dass die Befähigung blockiert wird, überhaupt noch irgendwelche Überzeugungen ausbilden zu können. Die Befähigung zu einem vernünftigen Denken lässt sich auf relativ elementare Weise schwächen oder gar blockieren. Wenn Wörter semantisch entleert und in ihrer Bedeutung beliebig werden, wenn Sätze nur noch affektive Appelle sind, ohne in argumentative Zusammenhänge eingebettet zu sein, und wenn ein kommunikativer Austausch auf der Grundlage vernunftwidriger Rahmenerzählungen erfolgt, ist einem vernünftigen Denken die Basis entzogen. Das auf diese Weise erzeugte mentale Flirren aus sinnentleerten Wörtern, Sinnfetzen und Affekten blockiert grundlegend die Möglichkeiten, überhaupt eine geistige Ordnung zu gewinnen, und schafft damit die Grundlagen für eine kollektive gesellschaftliche Verdummung. Von all diesen Möglichkeiten, grundsätzlich die Befähigung zu schwächen, überhaupt noch irgendwelche Überzeugungen ausbilden zu können, macht der Neoliberalismus systematischen Gebrauch. In dem Maße, wie

Der renommierte irische Politikerwissenschaftler Peter Mair stellte fest: »*Der immer stärker eingeschränkte Spielraum für Opposition innerhalb des Systems ist einer der Gründe, warum der politische Bereich zu einem so starken Nährboden für Populismus geworden ist.*« Die Entstehung der »alternativlosen« neoliberalen Phantom-Mitte und die Entstehung des Rechtspopulismus gehen Hand in Hand. Das gegenwärtige Anwachsen des Rechtspopulismus ist eine Konsequenz der radikalen Entleerung des politischen Raumes durch die neoliberalen Kartellparteien. Ist es verwunderlich, wenn in einer solchen Situation der Rechtspopulismus blüht?
Er verspricht Alternativen, wo die neoliberale Ideologie gerade ihre Möglichkeit leugnet.
Er verspricht natürliche, gewachsene Gemeinschaft, wohingegen die neoliberale Ideologie Gemeinschaft zerstört und ihre Möglichkeit leugnet. In dem Maße, wie ein Konsens der Alternativlosigkeit erzwungen werden konnte, wurde das von den Mächtigen gewünschte Ziel erreicht, dass sich Unbehagen, Unzufriedenheit, Empörung und Wut nicht mehr gegen die Zentren der Macht richten.

→ *Warum schweigen die Lämmer?*, Seite 200

Populismus beinhaltet im Kern eine Form der politischen Kommunikation, die durch volksnahes Sprechen und unzulässige Vereinfachungen auf Affekte zielt. In diesem Sinne sind alle unsere großen Volksparteien populistische Parteien. Wenn sich die großen Parteien durchgängig selbst ausgesprochen populistischer Methoden und Strategien bedienen, stellt sich natürlich die Frage, warum sie so beharrlich den Begriff »Populismus« als politischen Kampf- und Ausgrenzungsbegriff verwenden.
Die Antwort findet sich in einem weiteren charakteristischen Merkmal populistischer Haltungen, nämlich einer fundamentalen Kritik an den Eliten. Es ist gerade dieser Aspekt, der den Machteliten natürlicherweise sehr missfällt. Wie kann nun eine solche Fundamentalkritik an den Machteliten zum gedanklichen Sperrgebiet gemacht und somit aus dem als »vernünftig« anzusehenden Diskussionsraum ausgegrenzt werden?
Dies lässt sich wieder durch eine geeignete Verklammerung mit geächteten Haltungen bewerkstelligen. Dazu ist der Rechtspopulismus mit seinen ideologischen Kernelementen sehr hilfreich.

Auf Seiten einer völkischen Rechten wird die Gegenüberstellung von Volk und Eliten noch einmal verschärft. Jedoch ist bei ihr mit »Volk« nicht einfach das Staatsvolk gemeint, sondern ein ethnisch weitgehend homogener »Volkskörper«. In diesem Denken wird die Einheit und Intaktheit des Volkskörpers nicht mehr durch Rasse-Identitäten gestiftet, sondern durch kulturelle Identitäten oder nationale Identitäten – Konzepte, die ebenso Fiktionen sind wie der biologische Begriff von Menschenrassen. Die Aufgabe einer politischen Führung sei es nun, den »Volkswillen« zum Ausdruck zu bringen. Die gegenwärtigen Eliten seien dazu jedoch nicht in der Lage, weil sie zu korrupt und unmoralisch seien. Der Rechtspopulismus richtet sich also direkt gegen »die da oben« – nicht jedoch, weil er grundsätzlich gegen eine Elitenherrschaft wäre, sondern weil er gegenwärtige Eliten durch eine nationalistisch bis rassistisch gesinnte Elite ersetzen will. Damit bietet sich der Rechtspopulismus für eine begriffliche Verklammerung mit denjenigen populistischen Haltungen an, die – wenn auch aus völlig anderen Gründen – ebenfalls eine fundamentale Kritik an den Eliten beinhalten.

Verklammert man in dieser Weise populistische Haltungen mit Rechtspopulismus, so lässt sich eine Kritik an den Eliten zu einem generellen gedanklichen Sperrbereich machen. Denn durch eine solche Verklammerung möchten die Eliten suggerieren: Wer sich gegen das Establishment und die Machteliten richtet, neigt auch zu extremistischen Einstellungen, wenn nicht gar zum Rassismus, und steht somit außerhalb des demokratischen Diskurses. Genau diese Ausgrenzungsmöglichkeit macht den Populismusvorwurf bei den Eliten so beliebt.

→ *Warum schweigen die Lämmer?*, Seite 77 f.

die Möglichkeiten zu einem vernünftigen Denken behindert werden, wird auch der politische Raum entleert und somit der Demokratie ein für alle Mal das Fundament entzogen. Die »Schaffung eines Nebels von Verwirrung« (Philip Mirowski), wie er auch durch den von oben verordneten Kampf gegen eine populistische Rhetorik und gegen *fake news* erzeugt wird, ist eine wirksame Methode, dies zu erreichen.

Zu rassistischen Ressentiments des Rechtspopulismus: Die permanente Erzeugung von Rassismus ist historisch tief in unserer Gesellschaft angelegt. Der westliche Kapitalismus erzeugt strukturell rassistische Mechanismen von Ausgrenzung, sei es kulturell oder Klassenrassismus – er ist, in den Worten von Immanuel Wallerstein, einem bedeutenden US-amerikanischen Soziologen, angewiesen auf einen »konstanten, bezüglich der Grenzziehungen aber einigermaßen flexiblen Rassismus«.[44] Insbesondere kann der globalisierte Kapitalismus[45] nur rassistisch sein, weil er extreme Ungleichheit rechtfertigen muss.↓

Dieser mit dem Kapitalismus eng verwobene Rassismus hat zwar unter dem Druck einer stärker sensibilisierten Öffentlichkeit sein äußeres Erscheinungsbild geändert, wird jedoch unter dieser dünnen Decke regelmäßig wieder sichtbar, sei es in roher Form oder in den mannigfaltigen indirekten Formen des politischen Umgangs mit Entwicklungsländern. Für die rohen Formen

→ Wallerstein bemerkt: »Ein expandierendes kapitalistisches System benötigt die gesamte Arbeitskraft, die es finden kann, weil nur sie die Güter hervorbringt, mittels derer mehr Kapital produziert, realisiert und akkumuliert werden kann. Von daher ist der Ausschluss aus dem System sinn- und zwecklos. Doch zur Maximierung der Kapitalakkumulation ist es notwendig, zugleich die Produktionskosten (und mithin die Kosten der Arbeitskraft) und die Kosten, die durch politische Störungen entstehen, zu minimieren (das heißt, den politischen Protest der Arbeiterschaft möglichst gering zu halten, denn gänzlich beseitigen läßt er sich nicht). Der Rassismus ist die Zauberformel, die diese Zielvorstellungen miteinander in Einklang bringt. [...] In seiner Funktion hat der Rassismus die Form dessen angenommen, was man als »Ethnisierung« der Arbeiterschaft nennen könnte. [...] Gerade weil der Rassismus eine antiuniversalistische Lehre vertritt, erweist er sich bei der Aufrechterhaltung des kapitalistischen Systems als hilfreich. Dank seiner Existenz können die Vergütungen für einen Großteil der Arbeiterschaft viel geringer ausfallen, als es auf der Basis von Verdienst und Leistung zu rechtfertigen wäre.« Wallerstein (1992, S. 44–46)

sei hier nur an die Hetze gegen »Asylanten und Scheinasylanten« zur Zeit des sogenannten Asylkompromisses Anfang der 90er-Jahre erinnert, die rassistische Ausschreitungen in Hünxe 1991, in Hoyerswerda 1991, in Mölln 1992, in Rostock-Lichtenhagen 1992 und in Solingen 1993 zur Folge hatten. Damals erklärte der damalige SPD-Vorsitzende Björn Engholm »Asylanten« zu einer »Existenzfrage für die Bundesrepublik« (*Welt*, 3.8.1991), und Wolfgang Schäuble forderte: »Asylantenflut stoppen« (*Welt*, 8.8.1991). Beispiele, die illustrieren, wie Politiker systematisch Angst durch rassistische Sprachbilder erzeugen, sei es durch Warnung vor einer »Asylantenschwemme«, vor »ausländischen Sozialschmarotzern« (Edmund Stoiber, 2006) oder »Asyltouristen« (Markus Söder, 2018), durch die unser Untergang drohe und die nur mit äußersten Mitteln abgewehrt werden könnten, gibt es zur Genüge. Dies sind keine rassistischen Ausrutscher, sondern Artikulationen einer Haltung, die tief verwurzelt ist.

Der von oben verordnete Kampf gegen den Rechtspopulismus ist also heuchlerisch, da Rassismus und Nationalismus[46] tief im Denken der politischen Kaste verankert sind. Rechtspopulistische Formen politischer Kommunikation wie auch inhaltliche Positionen rechtspopulistischer Strömungen, vor allem kulturrassistische wie auch autoritäre Positionen, finden sich auch in breiten Teilen des politischen Spektrums.

Der von oben verordnete Kampf gegen den Rechtspopulismus dient wesentlich zur Erzeugung von Angst, die sich dann – vor allem bei Wahlen – für politische Belange einer Stabilitätssicherung herrschender politischer Gruppierungen nutzen lässt. Nicht weniger heuchlerisch, doch als Mittel der Herrschaftssicherung durch Angsterzeugung sehr viel wirkungsvoller ist ein »Kampf gegen den Terror«, da sich hinter dieser Fassade sehr wirksam ein Abbau demokratischer Substanz und ein Umbau des Staates zu einem Überwachungs- und Sicherheitsstaat betreiben lässt.

Der sogenannte »Kampf gegen den Terror« ist ein konstitutiver Teil der Geschichte der USA und diente immer wieder dazu, das grundlegende Spannungsverhältnis zwischen Demokratie und Kapitalismus zu verdecken. Seit jeher richtet sich dieser »Kampf gegen den Terror« innenpolitisch gegen jede Art fundamentaler Opposition und außenpolitisch gegen praktizierte Alternativen zum US-Kapitalismus. In der Zeit von 1918 bis 1921 fand er seinen Ausdruck in einer Hetzkampagne gegen US-Bürger und Einwanderer, denen eine kommunistische und sozialistische Einstellung unterstellt wurde. Nach einem Bombenanschlag auf die Wall Street 1920 wurde der »Kampf gegen den Terror« zu einer antikommunistischen Hysterie und einer Angsterzeugung vor »Bolschewiken« verschärft, eine Periode, die auch als *»Rote Angst«* (*»red scare«*) bezeichnet wird.

In den gegen politische Radikale, Anarchisten, Sozialisten und Kommunisten organisierten sogenannten Palmer-Razzien, der größten Massenverhaftungsaktion in der US-Geschichte, wurden über 10.000 Menschen inhaftiert. Diese Kampagnen und Verfolgungen wurden als Kampf gegen radikale Arbeiterbewegungen fortgeführt und gipfelten 1927 im Justizmord an Nicola Sacco und Bartolomeo Vanzetti, zwei Mitgliedern der anarchistischen Arbeiterbewegung.

Die zweite Periode eines Kampfes gegen die »rote Gefahr«, auch als McCarthy-Ära bezeichnet, lag in der Zeit von 1947 bis 1957. Prominentes außenpolitisches Beispiel für den »Kampf gegen den Terror« war der 1954 von der CIA unter der Bezeichnung PBSUCCESS herbeigeführte Staatsstreich gegen den demokratisch gewählten Präsidenten Guatemalas, durch den das Land in einen vier Jahrzehnte währenden Militär-Terror und Bürgerkrieg gestürzt wurde. Dies wurde von der US-Regierung als beispielloser Erfolg im »Kampf gegen den Terror«

angesehen und machte die CIA-Aktion zum Vorbild für weitere *»regime change«*-Aktivitäten in Lateinamerika und bis zum heutigen Tage in vielen Ländern weltweit.

Die systematische Erzeugung von Angst durch Deklarieren eines Kampfes gegen den Terror hatte sich also bereits in vielen Jahrzehnten als Machttechnik gut bewährt, als US-Präsident Ronald Reagan 1984 den »Kampf gegen den Terrorismus« ausrief und mit dem Kampf für »Demokratie und Menschenrechte« seinen höchst aggressiven außenpolitischen Kurs ideologisch zu rechtfertigen suchte, bei gleichzeitiger Einführung und Durchsetzung einer radikal neoliberalen Wirtschaftspolitik. Von dieser Politik eines »Kampfes gegen den Terrorismus« haben sich viele Länder, insbesondere Mittelamerikas, bis heute nicht erholt. In Mittelamerika ist sie zweifellos eine der Ursachen gegenwärtiger Flüchtlingskrisen.

Zudem erweiterte Reagan das von der CIA durchgeführte Programm zur Finanzierung der Dschihad-Kämpfer in Afghanistan – eine Kontinuität der Förderung eines politisch radikalisierten Islam, die bis heute andauert und mit der die USA gerade jene islamistischen Terrororganisationen aktiv hervorgebracht und unterstützt haben, die zu bekämpfen sie vorgeben.[47]

Um den Terror aus der Welt zu schaffen, haben die USA und ihre Helfershelfer Millionen Zivilisten umgebracht, zig Millionen Menschen in ihren eigenen Ländern zu Flüchtenden gemacht und mehr als ein halbes Dutzend arabische Staaten in Schutt und Asche gelegt. Diese Anstrengungen, das Böse aus der Welt zu schaffen, haben dazu geführt, dass die USA seit Langem in einer globalen Umfrage nach der anderen wohl zu Recht als der Staat angesehen werden, der die größte Bedrohung für den Weltfrieden darstellt. Der ehemalige US-Präsident Jimmy Carter bezeichnete – am 14. April 2019 – die USA als »die kriegerischste Nation der Weltgeschichte«

(»*the most warlike nation in the history of the world*«); in ihrer 242-jährigen Geschichte hätten die USA nur in insgesamt 16 Jahren keinen Krieg geführt.

Im Rahmen ihres »Kampfes gegen den Terror« haben die USA seit 2001 eine gigantische Umverteilung durchgeführt, bei der mehr als 5.000 Milliarden Dollar an Steuergeldern überwiegend in die Kriegs- und Sicherheitsindustrie geflossen sind. Sie haben das Völkerrecht außer Kraft gesetzt, Bürgerrechte massiv eingeschränkt, den Überwachungsstaat ausgebaut und Folter und massenhafte gezielte Tötungen von Zivilisten wieder zur normalen politischen Praxis gemacht– alles mit Duldung, Billigung oder gar dem Beifall weiter Teile der Medien. Diese »Erfolgsgeschichte« sollte bereits deutlich machen, dass der »Kampf gegen den Terror« in einer langen Kontinuität imperialer Interessen steht[48] und dass es bei dem ausgerufenen Kampf gegen den Terror um alles Mögliche geht, nur nicht um einen Kampf gegen den Terror.

Der sich zu einer realpolitischen Denkrichtung zählende einflussreiche Politikwissenschaftler und Politikberater Zbigniew Brzeziński hat die tatsächliche Bedeutung des Begriffs »Kampf gegen den Terror« in ideologischer Nüchternheit offengelegt: »Der Ausdruck selbst ist bedeutungslos. Er definiert weder einen geographischen Kontext noch unsere vermeintlichen Feinde. Der Terrorismus ist kein Feind, sondern eine Technik der Kriegsführung – politische Einschüchterung durch die Tötung unbewaffneter Nicht-Kombattanten. [...] die Unbestimmtheit des Satzes ist von ihren Urhebern beabsichtigt. [...] Die ständige Bezugnahme auf einen ›Krieg gegen den Terror‹ hat ein zentrales Ziel erreicht: Sie förderte die Entstehung einer Kultur der Angst. Angst verdunkelt die Vernunft, verstärkt Emotionen und erleichtert es Politikern, die Öffentlichkeit für genau die Politik zu mobilisieren, die sie betreiben wollen.« Brzeziński spricht von einer »nationalen Gehirnwäsche zum Thema Terror«.[49]

Bei einem von oben verordnetem »*Kampf gegen X*« geht es nie um das, was als zu bekämpfen deklariert wird. Es geht nicht darum, den Terror aus der Welt zu schaffen, Desinformation und *fake news* zu beseitigen, Populismus zu bekämpfen oder Rassismus zu bekämpfen. Denn all dies sind Übel, derer sich die Regierungen, die der Bevölkerung einen *Kampf gegen X* verordnen, in der täglichen politischen Routine ihrer Machtpolitik ausgiebig bedienen. Terror lässt sich am wirksamsten bekämpfen, wenn man selbst auf ihn verzichtet, Desinformation lässt sich am glaubwürdigsten bekämpfen, wenn man selbst darauf verzichtet. In einem *Kampf gegen X* geht es gar nicht um *X*; vielmehr wird die Verwerflichkeit und Destruktivität eigenen politischen Handelns auf den vermeintlichen oder tatsächlichen Feind projiziert, um politisch nutzbare Angst in der Bevölkerung zu erzeugen. All das, was hier als Kampf gegen eine Bedrohung verkauft wird, *darf* gar nicht erfolgreich sein, weil sein Erfolg für die ökonomischen und politischen Zentren der Macht gerade darin liegt, *nicht* erfolgreich zu sein und als Mittel der Angsterzeugung und Herrschaftssicherung erhalten zu bleiben.

Im Neoliberalismus bekommt die Machttechnik einer Angsterzeugung einen noch einmal höheren Stellenwert. Denn nach neoliberaler Ideologie kann die politische Rationalität in der Behandlung gesellschaftlicher Fragen ohnehin nicht in einem Diskurs zwischen Menschen verortet werden, da Menschen prinzipiell keine Möglichkeit eines rationalen Verstehens der gesellschaftlichen Realität hätten. Allein dem Markt komme eine Rationalität zu. Damit verlieren Bemühungen, gesellschaftliche Konflikte im argumentativen Austausch zwischen mündigen Bürgern zu lösen, ihren Wert, denn letztlich obliegt es allein dem Markt, rationale Entscheidungen herbeizuführen. Durch diese »Alternativlosigkeit« verlieren jenseits von konkreten Wahlsituationen auch traditionelle Formen der Meinungsmanipulation an Bedeutung. Eigentlich müsste

konsequenterweise Gleiches auch für Methoden der Affekt-
manipulation gelten, da sie unzulässige Eingriffe in das Wirken des sogenannten freien Marktes darstellen, doch ist es eine der unzähligen Paradoxien des Neoliberalismus, dass zur Sicherung der Stabilität neoliberaler Herrschaft »Markteingriffe« über den Weg eines Affektmanagements der Bürger noch einmal an Bedeutung gewonnen haben. Dies gilt besonders für die Machttechnik der Angsterzeugung.

Die Kartellparteien haben also jenseits rhetorischer Bekundungen keine wirkliche Angst vor Rechtspopulismus und übersteigertem Nationalismus; beides haben sie selbst immer wieder recht erfolgreich genutzt und integriert. Wirklich bedrohlich hingegen wäre für sie ein gesellschaftlicher Wandel, der an die Wurzeln gegenwärtiger Machtverhältnisse ginge, denn dadurch würden auch die Kartellparteien ihre Existenz verlieren. Daher sehen die neoliberalen Kartellparteien ihren eigentlichen Feind in gesellschaftlichen Gruppierungen und Positionen, die einen fundamentalen Dissens zum neoliberalen Programm artikulieren. Dazu gehören insbesondere Positionen, die in der radikaldemokratischen Tradition der Aufklärung stehen. Um derartige Positionen aus dem »zulässigen« öffentlichen Debattenraum auszuschließen, erweisen sich Diffamierungsstrategien auf der Basis einer Verklammerungslogik von linken mit rechten Positionen als ausgesprochen erfolgreich. Über den Diffamierungsbegriff des Populismus lassen sich linke und rechte Positionen so verklammern, dass sie als gleichermaßen »unverantwortlich« und »gefährlich« deklariert werden können.

Gleiches gilt für eine linke Kritik an den demokratischen Defiziten der EU oder an antidemokratischen Komponenten gegenwärtiger Formen von »repräsentativer Demokratie«. So lassen sich von den neoliberalen Konsensparteien rechtsextreme Haltungen als Mittel der Angsterzeugung nutzen, um eine linke Fundamentalopposition zum neoliberalen Programm zu diffamieren und aus dem Bereich des »zulässigen« Meinungsspektrums auszugrenzen. Für den Neoliberalismus stand und steht seit seinen historischen Anfängen der eigentliche Feind stets links. Für die Stabilität des neoliberalen Programms ist es daher von zentraler Bedeutung, eine fundamentale Kritik am Neoliberalismus als einer Extremform des Kapitalismus und am Kapitalismus allgemein aus dem »zulässigen« öffentlichen Debattenraum auszuschließen und die äußerste Grenze »vernünftiger« linker Positionen auf eine »vernünftige«, also systemkompatible »Linke« zu begrenzen – im Einklang mit der neoliberalen Strategie, vertrauten Begriffen eine neue Bedeutung zu geben, die ihrer ursprünglichen geradezu entgegengesetzt ist.

→ *Warum schweigen die Lämmer?*, Seite 208

Systematische Erzeugung gesellschaftlicher Angst im Neoliberalismus

Gesellschaft und Wirtschaft stehen im Kapitalismus in einem besonderen Spannungsverhältnis. In kapitalistisch organisierten Bereichen basieren Entscheidungen vorrangig auf Prinzipien einer Nutzen- und Gewinnmaximierung und folgen dem Prinzip des Eigennutzens. In Gesellschaften, in denen die Wirtschaft gesellschaftlich eingehegt ist, sind zentrale Bereiche, wie Ausbildung, Gesundheitswesen, Sozialversorgung, Alterssicherung, Umweltschutz etc., den kapitalistischen Marktkräften entzogen. Ihre Organisationsformen basieren auf vielfältigen Handlungsmotiven jenseits von Konkurrenz und materiellem Egoismus und unterliegen Kriterien, die sich nicht auf ökonomische reduzieren lassen. Da der Kapitalismus eine immanente Tendenz zu einer Ökonomisierung aller menschlichen Verhältnisse aufweist, durch die soziale und ökologische Lebensgrundlagen von einer Zerstörung bedroht werden, muss gesellschaftlich sichergestellt werden, dass die Marktkräfte kontinuierlich eingehegt werden und sich innerhalb der Gesellschaft nicht verselbständigen.

Eine derartige gesellschaftliche Einhegung gelang in der Nachkriegszeit eine Zeit lang und erwies sich sogar – durch eine unwiederholbare Konstellation günstiger Wirkfaktoren – als Motor des wirtschaftlichen Aufschwungs und der Wohlstandssteigerung.

Anfang der 1970er-Jahre führten jedoch weltweit Wirtschaftskrisen und eine mit ihnen einhergehende Rezession und Massenarbeitslosigkeit dazu, dass sich das Kapital mit einem Verweis auf einen globalen Wettbewerb von nationalen Beschränkungen und Regelwerken zu befreien und seine Rentabilität durch Ausweitung der Marktkräfte auf alle Bereiche innerhalb der Gesellschaft und auf andere geografische Bereiche durch ein global mobil gemachtes Finanzkapitals zu steigern suchte. Diese Transformationsprozesse, die seit mehr als vier Jahrzehnten die gesellschaftlichen Entwicklungen in westlichen Demokratien bestimmen und die historisch aus sehr unterschiedlichen Quellen hervorgegangen sind, werden – aus pragmatischen oder aus systematischen Gründen – unter der Bezeichnung »Neoliberalismus« zusammengefasst. Diese Bezeichnung entzieht sich jedoch einer klaren Bestimmung. Der Begriff »Neoliberalismus« bezeichnet weder eine kohärente ökonomische Theorie noch ein klar bestimmbares System von politischen Praktiken. Für eine Beschreibung und für ein theoretisches Verständnis tatsächlicher neoliberaler Transformationsprozesse ist es sinnvoller, vom »real existierenden Neoliberalismus« zu sprechen.[50] Der real existierende Neoliberalismus ist ein äußerst wirkmächtiges Transformationsprojekt ökonomischer Eliten, das seit mehreren Jahrzehnten global das Beziehungsgeflecht von Wirtschaft, Gesellschaft und Individuum grundlegend neu gestaltet.

Das Konglomerat unterschiedlicher neoliberaler Positionen und Praktiken weist jedoch in einem Punkt eine hohe Kohärenz aus, nämlich in seinem kompromisslosen Bemühen, dem gesellschaftlichen Projekt der Aufklärung ein für alle Mal ein Ende zu bereiten und grundlegende Konzepte der Aufklärung, insbesondere Vernunft, Freiheit und Autonomie, als Mythen zu entlarven. Damit wäre auch emanzipatorischen Gesellschaftskonzeptionen ein für alle Mal das Fundament entzogen. Bereits in seinen historischen Anfängen in den ersten Jahrzehnten des vergangenen Jahrhunderts war das neoliberale Projekt, etwa bei Ludwig von Mises, Walter Lippmann oder Friedrich August von Hayek, explizit als eine Konterrevolution gegen emanzipatorische Errungenschaften der Aufklärung konzipiert worden. Das neoliberale Projekt lässt sich daher nicht verstehen, wenn man es lediglich als ein politisches Projekt betrachtet, durch das die Rentabilität des Kapitals gesteigert und die Macht der besitzenden Klasse wiederhergestellt werden soll. Es zielte vielmehr von Beginn an auf eine Uminterpretation und Umgestaltung *aller* gesellschaftlichen Verhältnisse. Daraus wird auch verständlich, dass sich das von ihm zugrunde gelegte Menschenbild radikal von dem Menschenbild der Aufklärung unterscheidet.[51]

Auch wenn also der Neoliberalismus sehr viel mehr ist als nur eine ökonomische Konzeption, so basiert er gleichwohl auf einer der Ökonomie entnommenen Kerndoktrin des sogenannten freien Marktes. Diesem schreibt er die Eigenschaft zu, alle gesellschaftlich verfügbaren Informationen in rationaler und optimaler Weise integrieren zu können und dadurch angesichts der Komplexität der modernen Gesellschaft die einzig rationale und effiziente Form gesellschaftlicher Problemlösungen zu verkörpern. Wenn man also das Wirken des Marktes seiner Eigengesetzlichkeit überlasse, könne er gar nicht anders als optimal funktionieren und würde gleichsam alle menschlichen Bemühungen um eine rationale Erfassung gesellschaftlicher Phänomene ersetzen. Politische Entscheidungen müssten sich daher nach den Wirkkräften des Marktes richten und bestünden im Wesentlichen darin, Hindernisse für das freie Wirken des Marktes abzubauen. Da demokratische Strukturen und traditionelle Formen demokratischer Konsensfindung zu Marktbeschränkungen führen könnten und das Wirken der »Rationalität« des »freien Marktes« gefährdeten, seien sie als Marktstörungen zu betrachten. Seit ihren historischen Anfängen ist die neoliberale Ideologie also radikal antidemokratisch und befürwortet seit jeher autoritäre Herrschaftsstrukturen zur Durchsetzung und Aufrechterhaltung »freier Märkte«.[52]

Es stellt ein charakteristisches Merkmal des Neoliberalismus dar, dass seine ideologische Rhetorik vor allem als Mittel zur Beeinflussung der Öffentlichkeit gedacht ist und sich seine

Praktiken nicht mit seiner Ideologie in Einklang bringen lassen. Die neoliberale ideologische Fiktion »freier Märkte« hat nur wenig mit den tatsächlichen Zielen und Praktiken des real existierenden Neoliberalismus zu tun. Vielmehr wird durch diese Praktiken auf komplexe Weise erst das konstituiert, was als »Markt« bezeichnet wird. Dem neoliberalen Projekt ging es also tatsächlich gerade *nicht* darum, Märkte zu schaffen, die sich selbst regulieren, Grenzen zwischen Staaten abzuschaffen oder die Macht von Nationalstaaten zu reduzieren. Es ging und geht ihm vielmehr darum, Nationalstaaten – unter ideologischen Schlagwörtern wie Globalisierung, Flexibilisierung und Deregulierung – so umzubauen, dass dadurch geeignete institutionelle Rahmenbedingungen für einen globalen Konzern- und Finanzkapitalismus geschaffen werden und zugleich der globale Kapitalismus gegen jede Form demokratischer Bedrohungen geschützt wird. Folglich ist der real existierende Neoliberalismus auf einen geeignet umorganisierten starken Staat angewiesen, der die Rahmenbedingungen für die von ihm angestrebten Transformationsprozesse schafft und gegen demokratische Eingriffe absichert. Zu diesen Rahmenbedingungen gehört:

a) die Schaffung eines rechtlichen Rahmens, durch den der »freie Markt« demokratischer Kontrolle entzogen wird

b) die Sicherung der Eigentumsordnung und der Schutz vor demokratisch legitimierten Mechanismen, durch die die Vermögensverteilung zu Ungunsten der besitzenden Klasse verändert werden könnte

c) die Schaffung von Möglichkeiten zur Erzielung von leistungsfreien und nur gering besteuerten Einkommen

d) die Ausweitung von Möglichkeiten, mit denen sich die Kriminalität der besitzenden Klasse verrechtlichen lässt[53]

e) die Bereitstellung öffentlicher Subventionen zur »Sicherung« eines »freien Marktes«, die Bereitstellung von Mitteln zur globalen Sicherung hegemonialer Interessen etc.

In der Zeit nach dem Zweiten Weltkrieg schienen vordergründig Kapitalismus und repräsentative Demokratie eine weniger autoritäre Allianz einzugehen. Die repräsentative Demokratie erwies sich für den Kapitalismus als ein besonders effektives Mittel zur sozialen Pazifizierung: Sie ließ scheinbar einen »Klassenkompromiss« zu, der im Austausch gegen sozialstaatliche Verbesserungen »die Hinnahme kapitalistischer Produktionsverhältnisse durch die nichtkapitalistische Mehrheit der Bevölkerung ermöglichen sollte«. Durch einen solchen Klassenkompromiss konnte die repräsentative Demokratie zu einer gewaltigen kapitalistischen Produktivkraft werden, wodurch sich für drei Jahrzehnte »unter dem Einfluss demokratischer Politik und gewerkschaftlicher Organisierung der Kapitalismus aus einem gesellschaftlichen Klassenverhältnis in eine staatlich administrierte Prosperitätsmaschine« verwandelte.

Der Kapitalismus freundete sich eine Zeitlang mit der repräsentativen Demokratie an, weil die von den sogenannten Volksparteien vertretenen Positionen strikt innerhalb des Spektrums von Interessenunterschieden der Eliten gehalten werden konnten. Dadurch konnten die Volksparteien pazifizierend wirken, weil sie die Illusion einer demokratischen Kontrolle aufrechterhielten und zugleich die Stabilität der herrschenden Ordnung gewährleisten.

→ *Warum schweigen die Lämmer?* Seite 142 f.

Die neoliberale Ideologie des »effizienten Marktes« wurde lange und sorgfältig ausgearbeitet, ohne zunächst in der Ökonomie und in relevanten politischen Kreisen besondere Anerkennung zu finden. Erst mit der wirtschaftlichen Krise der 1970er-Jahre gelang es ihr, auch politisch wirksam zu werden und Stück für Stück alle staatlichen Institutionen zu erobern. Bis dahin war die Nachkriegszeit durch eine Art Klassenkompromiss gekennzeichnet, der das grundlegende Spannungsverhältnis von Kapitalismus und Demokratie einige Zeit verdecken konnte. Möglich war dies vor allem durch eine massive Erhöhung der Arbeitsproduktivität infolge der Automatisierung von Produktionsprozessen.
Der Anstieg der Arbeitsproduktivität ermöglichte Lohnsteigerungen und Massenkonsum, so dass eine Kapitalvermehrung durch ein Wachstum der Realwirtschaft erzielt werden konnte. Somit gingen Lohnsteigerungen nicht mehr zulasten der Rentabilität des Kapitals.
Der scheinbare Klassenkompromiss ermöglichte eine zeitweise gesellschaftliche Einbettung der Marktkräfte, die damit in ihrer Reichweite eingehegt waren.

Durch Regierungen, die in gewissen Grenzen einen Ausgleich zwischen den Interessen der lohnabhängigen Mehrheit und der Minderheit der Kapitalbesitzer anstrebten, konnte sogar eine der Kapitalakkumulation entgegenwirkende moderate Umverteilung von oben nach unten institutionalisiert werden. Unter diesen Bedingungen konnte auch unter kapitalistischen Produktionsverhältnissen die Demokratie für eine kurze Zeit zu einem Motor des wirtschaftlichen Aufschwungs und der Wohlstandssteigerung werden.

→ *Warum schweigen die Lämmer?*, Seite 196 f.

Die von Neoliberalismus erstrebte »Freiheit des Marktes« ist also nur durch eine permanente Intervention der Nationalstaaten zu garantieren.

Zugleich benötigt der Neoliberalismus einen starken Staat, um das durch seine Folgen entstehende gesellschaftliche Veränderungs- und Empörungspotential zu neutralisieren, also um Dissens zu kontrollieren, einzuhegen und notfalls auch gewaltsam zu bekämpfen und um die ökonomisch »Überflüssigen« zu disziplinieren. Der Neoliberalismus produziert im Übermaß ökonomisch Überflüssige, also Menschen, die nicht mehr für kapitalistische Verwertungsprozesse von Nutzen sind, da ihm die Korrektur- und Anpassungsmechanismen des klassischen Kapitalismus in der globalen Konkurrenz um höchste Profitraten abhandengekommen sind. Diese wachsende Masse der Überflüssigen muss politisch neutralisiert, also diszipliniert werden, wozu nun alte Techniken intensiviert, verfeinert und angepasst werden müssen. Folglich zielt der Neoliberalismus auf die Schaffung eines gewährenden schwachen Staates für Reiche und Konzerne und zugleich auf die Schaffung eines starken disziplinierenden Staats für die Bevölkerung. Der französische Sozialanthropologe Loïc Wacquant bezeichnet den neoliberalen Staat daher als *»Centaurenstaat«*, »ein liberaler Kopf auf einem autoritären Körper«.[54] »Die ›unsichtbare Hand‹ des Marktes für unsichere Arbeitsverhältnisse findet ihre institutionelle Entsprechung in der ›eisernen Hand‹ des Staates, der bereitsteht, die Unruhen, die aus der zunehmenden Verbreitung sozialer Unsicherheit resultieren, unter Kontrolle zu halten.«[55]

Das neoliberale Transformationsprojekt war hinsichtlich der von ihm verfolgten Ziele in historisch wohl einzigartiger Weise global erfolgreich, wie sich nicht zuletzt an der von ihm produzierten extremen sozialen Ungleichheit erkennen lässt.[56] Die Ideologie, auf der dieser Erfolg basiert, bezeichnete der renommierte Sozialhistoriker Perry Anderson als »die erfolgreichste Ideologie der Weltgeschichte«.[57]

Da jedoch der Neoliberalismus seine Existenz als Umverteilungsprojekt und als ideologisches Umgestaltungsprojekt aller gesellschaftlichen Verhältnisse leugnet und sich als »rationale« und »vernünftige« Anerkennung der »Naturgesetzlichkeiten« des »freien Marktes« ausgibt, gelang es ihm zunehmend, sich als Ideologie nahezu unsichtbar zu machen und sich als rationale Form des gesunden Menschenverstandes auszugeben. Auf diese Weise als selbstverständliche und »alternativlose« Wahrheit über die »Rationalität« des »freien Marktes« und seiner »Naturgesetzlichkeit« getarnt, vermochte die neoliberale Ideologie, sich global in allen meinungsprägenden gesellschaftlichen Schichten eine Breitenwirkung zu verschaffen, wie sie keine totalitäre Ideologie je zuvor erreicht hat. Insbesondere gab sie nach den Wirtschaftskrisen der 70er-Jahre ökonomischen Eliten ein neues Klassenbewusstsein und führte zu einer massiven ideologischen Homogenisierung unterschiedlicher ökonomischer Elitengruppierungen.

Die neoliberale Einbettung der Gesellschaft in den Markt und die marktförmige Gestaltung und Ökonomisierung aller Lebensbereiche

Die kapitalistische Marktlogik verselbständigt sich im Neoliberalismus in einer Weise, dass letztlich alle gesellschaftlichen Verhältnisse – von politischen und sozialen Institutionen über soziale Beziehungen bis zur Ebene des Individuums selbst – in den kapitalistischen Verwertungsprozess integriert und Imperativen der Konkurrenz, einer »Flexibilisierung« der Arbeitswelt, einer »Liberalisierung« von Marktbeschränkungen und einer Privatisierung öffentlicher Güter unterworfen werden. Der

Wirtschaftshistoriker Karl Polanyi hatte bereits 1944 in seinem Klassiker *The Great Transformation* auf die zerstörerische Wirkung einer »Transformation der natürlichen und menschlichen Substanz der Gesellschaft in Waren« hingewiesen.[58] Wenn nicht mehr die Wirtschaft in die Gesellschaft eingebettet, sondern die Gesellschaft als Ganzes »im ökonomischen System eingebettet«[59] sei und wenn man »den Marktmechanismus als ausschließlichen Lenker des Schicksals der Menschen und ihrer natürlichen Umwelt oder auch nur der Verwendung und des Umfangs der Kaufkraft zuließe, dann würde dies zur Zerstörung der Gesellschaft führen«.[60] Mit dem neoliberalen Projekt einer Ökonomisierung und marktförmigen Gestaltung aller gesellschaftlichen Bereiche und allen sozialer Beziehungen haben die globalen Folgen der Zerstörung gesellschaftlicher und ökologischer Substanz mittlerweile ein zuvor nicht bekanntes Ausmaß erreicht.

Durch das Ziel einer Einbettung der gesamten Gesellschaft in die Wirtschaft radikalisiert der real existierende Neoliberalismus, der sich ökonomisch als eine Extremform des Kapitalismus auffassen lässt, eine dem Kapitalismus innewohnende Tendenz. Kennzeichen einer kapitalistischen Wirtschaftsweise ist die Verwandlung von Arbeitskraft und natürlichem Reichtum in Kapital, das mit dem Ziel der Profitmaximierung wieder reinvestiert und akkumuliert wird. Im neoliberalen Finanzmarktkapitalismus ist der wahnhafte Traum der Besitzenden, »dass Geld Geld zeugen kann, so wie Menschen Menschen zeugen«[61] in folgenschwerer Weise Realität geworden. Diesen »abscheulichen Traum« (Hannah Arendt) konnte der Kapitalismus nur durch eine fortwährende Einverleibung zuvor nichtkapitalistisch organisierter Bereiche realisieren. Es gehört zur inneren Dynamik kapitalistischer Wirtschaften, dass sie expansiv und krisenhaft sind und die für ihre Stabilität notwendige Steigerung der Profitrate nur erreichen können, wenn sie sich über ihre bisherigen Bereiche ausdehnen, sei es ökologisch mit der Ausbeutung und dem Zur-Ware-Machen natürlicher Ressourcen, geopolitisch mit der Kolonialisierung anderer Produktions- und Lebensweisen oder durch Ausweitung innerhalb einer Gesellschaft auf Bereiche, die zuvor vor einer Kommerzialisierung geschützt waren.

Besonders einträglich für eine Ausweitung kapitalistischer Verwertungsprozesse sind Bereiche, in die ein vergleichsweise hoher Anteil öffentlicher Mittel fließt. In solchen Bereichen bieten sich durch geeignete Reorganisationen einzigartige Möglichkeiten einer Umverteilung von der öffentlichen in die private Hand. Neben dem militärischen Bereich und dem Bereich der öffentlichen Sicherheit trifft dies vor allem auch auf die gesellschaftlichen Bereiche der Gesundheit und der Bildung zu.[62]

Die Unterwerfung des Bildungsbereiches unter ökonomische Kategorien hat bereits eine lange Tradition. Dabei hat die OECD eine führende Rolle gespielt.[63]

Im Gefolge der neoliberalen Idee des »Humankapitals« hat dabei vor allem der Begriff der »Kompetenz« eine besondere Bedeutung gewonnen und seinen Siegeszug durch alle Bildungs- und Ausbildungsbereiche angetreten. Dieser Begriff der »Kompetenz«, der wissenschaftlich bedeutungslos ist, verdinglicht die neoliberalen ökonomistisch-utilitaristischen Prämissen der Fragmentierbarkeit einer Person in diejenigen Aspekte, die unter Marktbedingungen möglichst gut fremdverwertbar sind. Der OECD zufolge sollen »Schlüsselkompetenzen« nämlich dazu befähigen, sich an eine durch Wandel, Komplexität und wechselseitige Abhängigkeit gekennzeichnete Welt anzupassen. Kompetenzerwerb gilt also als eine Anpassungsleistung des *homo oeconomicus* an die vorgegebenen und nicht hinterfragbaren *Markt*verhältnisse, das heißt an die gegebenen

*Macht*verhältnisse. Ziel der Ausbildung sei der Erwerb von Schlüsselkompetenzen und Kompetenz-Erwerbskompetenz, um so auf dem Arbeitsmarkt »flexibel verwertbar« zu sein.↓ In einem OECD-Bericht von 1966 heißt es: »Heute versteht es sich von selbst, dass auch das Erziehungswesen in den Komplex der Wirtschaft gehört, dass es genauso notwendig ist, Menschen für die Wirtschaft vorzubereiten wie Sachgüter und Maschinen. Das Erziehungswesen steht nun gleichwertig neben Autobahnen, Stahlwerken und Kunstdüngerfabriken.«[64] Wie groß der sich im neoliberalen Menschenbild ausdrückende zivilisatorische Regress ist, wird deutlich, wenn man sich an die Bildungskonzeption der Aufklärung erinnert, der Wilhelm von Humboldt 1791 prägnanten Ausdruck verliehen hat: »Was nicht von dem Menschen selbst gewählt, worin er auch nur eingeschränkt und geleitet wird, das geht nicht in sein Wesen über, das bleibt ihm ewig fremd, das verrichtet er nicht eigentlich mit menschlicher Kraft, sondern mit mechanischer Fertigkeit. ...Wenn aber ein Mensch lediglich auf fremde Forderungen und Anweisungen handelt, so mögen wir bewundern, was er tut, aber wir verachten, was er ist.«

Die dem neoliberalen Transformationsprojekt zugrunde liegende ökonomistisch-utilitaristische Auffassung von Erziehung und Bildung ist mit dem Siegeszug des Neoliberalismus mittlerweile zu einer kulturellen Selbstverständlichkeit geworden. Damit wird kaum mehr erkennbar, in welchem Ausmaß das einer solchen Auffassung zugrunde liegende Menschenbild eines in permanenter Konkurrenz seinen Eigennutz maximierenden

→ Das neoliberale Ziel, auch das Bildungssystem ökonomischen Kategorien zu unterwerfen und auf eine marktkonforme Produktion von »Humankapital« auszurichten, spiegelt sich auch in der gegenwärtigen obsessiven Neigung zu Intelligenz- und Leistungstest und zur Evaluation und Quantifizierung mentaler Eigenschaften und Leistungsindikatoren wider. Bereits das derartigen Intelligenztests zugrunde liegende Intelligenzkonzept, bei dem es im Wesentlichen darum geht, dekontextualisierte abstrakte – also im Wortsinne sinnlose – Aufgaben unter Zeitdruck zu lösen, hat als seine geschichtlichen Triebfedern die Ausbeutungsbedürfnisse des Industriekapitalismus sowie die rassistischen Bedürfnisse, auf wissenschaftliche Weise die biologische Überlegenheit des weißen Mannes beweisen zu wollen (siehe hierzu Gould, 1983).

und von sozialen Bezügen «befreiten« Individuums an der tatsächlichen Beschaffenheit des menschlichen Geistes vorbeigeht. Ein solches Menschenbild ist nicht nur empirisch dem Wesen des Menschen hochgradig unangemessen, sondern in seinen gesellschaftlichen und moralischen Folgen pervers. Der Neoliberalismus löst das kapitalistische Konkurrenzprinzip aus seinem ökonomischen Kontext und phantasiert es in einer Anthropologisierung zur »Natur des Menschen«.[65] Um gegen unsere natürlichen Widerstände die nach diesem ökonomistisch-individualistischen Menschenbild geforderte Ent-Fremdung und Ent-Solidarisierung zu erreichen, ist es nötig, in der Herde der politisch »Irrelevanten« ein geeignetes Maß an Unsicherheit und Angst erzeugen.

Angsterzeugung durch systematische Erzeugung von Gefühlen der gesellschaftlichen Undurchschaubarkeit und Unbeeinflussbarkeit

Der neoliberalen Ideologie zufolge ist die gesellschaftliche Welt prinzipiell unverstehbar und für den Einzelnen nicht rational erfassbar. Der Markt sei die einzige allumfassende und rationale Informationsverarbeitungsmaschine gesellschaftlicher Verhältnisse. Nur er könne alle relevanten Faktoren integrieren und die Zukunft in rationaler Weise antizipieren. Die gesellschaftliche Komplexität, die der Markt als gleichsam gottgleiche Instanz rational integrieren könne, müsse Menschen in ihrer grundsätzlichen Unwissenheit zwangsläufig nur als Chaos erscheinen und sei somit für Menschen weder steuerbar noch vorhersagbar. Kein Mensch vermöge das konkrete Wirken des Marktes zu verstehen, jedoch müssten wir streng an ihn glauben. Erst wenn wir unsere Unwissenheit anerkennten und den Markt sich selbst überließen, könnten rationale Lösungen für gesellschaftliche Probleme erwachsen. Unwissenheit ist, wie der US-amerikanische Historiker Philip Mirowski aufzeigt, der »Garant der neoliberalen Ordnung«. Daher ist der Neoliberalismus darauf angewiesen, in großem Maßstab Unwissenheit systematisch zu produzieren. Der Neoliberalismus bediene sich einer vorsätzlichen Produktion und Förderung von Unwissenheit, die als Tugend propagiert werde. »Unwissenheit wird als vorderste Verteidigungslinie des Neoliberalismus vorsätzlich gefördert. [...] Das neoliberale Selbst fühlt sich in dieser Unwissenheit wohl.« [66]

Den Kern der neoliberalen Ideologie bildet also eine Markttheologie[67], die eine »völlige Unwissenheit aller im Angesicht eines allwissenden Marktes«[68] postuliert und dem Menschen eine unaufhebbare grundsätzliche Unwissenheit über alle gesellschaftlichen Verhältnisse zuschreibt. Die eigene soziale Lebenswelt wird dabei in grundsätzlicher Weise als undurchschaubar, unvorhersehbar, unberechenbar und durch eigenes Handeln nicht mehr beeinflussbar erklärt. Ein Gefühl des Verlustes von Kontrolle über die eigene gesellschaftliche Situation ist die zwangsläufige Folge. Daraus resultierende gesellschaftliche Ängste können nicht mehr durch eigenes Handeln bewältigt werden oder in einem solidarischen *Wir* aufgefangen werden. Im Zuge neoliberaler Transformationsprozesse wurden nämlich gerade diejenigen gesellschaftlichen Instanzen systematisch geschwächt oder zerstört, die – auf Anerkennung und Solidarität beruhend – angstreduzierend wirken. Damit sind die Wege zu einer solidarischen Bewältigung der aus diesen Kontrollverlusten resultierenden Ängste verstellt.

Neoliberale Transformationsprozesse brachten eine stetig wachsende Welt von Lebensverhältnissen hervor, die durch eine geringe Sicherheit des Arbeitsplatzes gekennzeichnet sind. Derartige Arbeitsverhältnisse werden als prekär und die durch sie entstandenen Schichten als Prekariat bezeichnet. Neoliberale Transformationsprozesse zielen darauf, die historisch in langen sozialen Kämpfen errungene stabile Verknüpfung von Lohnarbeit mit starken sozialen Schutzmechanismen aufzulösen und die Grenzen zwischen sicheren und prekären Arbeitsverhältnissen und damit zwischen Armut und Erwerbsarbeit zunehmend fließend werden zu lassen. Berufliche und soziale Unsicherheit sind zu einem Massenphänomen geworden. Beispielsweise haben in Deutschland gegenwärtig, einer Statistik des Sozialministeriums zufolge, 3,38 Millionen Arbeitnehmer trotz Vollzeitjob einen Verdienst von weniger als 2.000 Euro brutto im Monat.

Prekär Erwerbstätige müssen ihren Lebensunterhalt in einem sich stetig verändernden unberechenbaren Bereich von befristeten Tätigkeiten, Minijobs, Leiharbeit und Ähnlichem erwerben und leben in der permanenten Bedrohung eines sozialen Abstiegs, da diese Arbeitsverhältnisse jederzeit widerrufen werden können. Eine auf die eigene gesellschaftliche Zukunft ausgerichtete Lebensplanung ist also innerhalb prekärer Arbeits- und Lebensverhältnisse nicht möglich. Die Lebensbedingungen des Prekariats sind wesentlich durch Mangel bestimmt: »Mangel an Ansehen, Mangel an Sicherheit, Mangel an gesicherten Gütern und stabilen Beziehungen.«[69]

Da der Neoliberalismus im öffentlichen Bewusstsein gar nicht mehr als Ideologie erkennbar ist, erscheint auch die von ihm planmäßig erzeugte Armut – mehr als 13 Millionen Menschen müssen nach dem jüngsten Armutsbericht des

Paritätischen Wohlfahrtsverbandes in Deutschland zu den Armen gezählt werden – und die von ihm erzeugte Prekarität lediglich als eine bedauernswerte, aber unvermeidliche Nebenwirkung einer Anpassung an die »Gesetzmäßigkeiten des Marktes«. Der Markt erzwinge nun einmal »Flexibilisierung«. Armut – nach welchen Kriterien auch immer – ist also nicht nur eine natürliche Folge der mehr als vier Jahrzehnte andauernden Umverteilung von unten nach oben. Armut ist zugleich ein von den Nutznießern dieser Umverteilung geradezu erwünschter Effekt. Denn sie verhindert Partizipation, erzeugt Lethargie und diszipliniert gerade diejenigen gesellschaftlichen Gruppen, die eigentlich das größte Interesse an einer Änderung haben sollten. Armut und Armutsängste sind der beste Garant der gewünschten politischen Lethargie der Bevölkerung: Wenn ein Fünftel der Gesellschaft keine politische Stimme hat, keine Organisationsform, keine mediale Repräsentanz, keine Lobbyisten für eine Vertretung ihrer Interessen, in weiten Teilen hochgradig überwacht und diszipliniert ist, erhöht dies natürlich die Stabilität des Status herrschender Eliten. Prekarisierung kann folglich als eine neue Taktik der Herrschaftssicherung des Kapitals betrachtet werden. Denn die durch Prekarität bei den Betroffenen ausgelöste Furcht löst, so Pierre Bourdieu, auch bei den (noch) nicht Betroffenen Furcht aus, »eine Furcht, die im Rahmen von Prekarisierungsstrategien systematisch ausgenutzt wird. [...] Man wird den Verdacht nicht los, dass Prekarität gar nicht das Produkt einer mit der ebenfalls vielzitierten ›Globalisierung‹ gleichgesetzten ökonomischen Fatalität ist, sondern vielmehr das Produkt eines politischen Willens. [...] Teil einer neuartigen Herrschaftsform, die auf die Errichtung einer zum allgemeinen Dauerzustand gewordenen Unsicherheit fußt und das Ziel hat, die Arbeitnehmer zur Unterwerfung, zur Hinnahme ihrer Ausbeutung zu zwingen.«[70]

Angsterzeugung durch die Ideologie des »unternehmerischen Selbst«

Die meritokratische Ideologie findet ihren natürlichen Kulminationspunkt in der neoliberalen Ideologie des »unternehmerischen Selbst«.[71] Mit ihr dehnt der Neoliberalismus seine Ideologie eines »freien Marktes« bis in die interne Organisation des Selbst aus.

Dieser neoliberale Anspruch, den Menschen als Ganzes zu einer Ware zu machen und ihn marktförmig zu gestalten und damit gleichsam einen neuen Menschen zu schaffen, kommt einem totalitären Anspruch gleich.[72] Diese Gestalt eines totalitären Anspruchs drückt sich nicht in offen autoritären und totalitären Formen aus, wie sie im Faschismus und Stalinismus praktiziert wurden, sondern stützt sich auf eine expertengeleitete Ausnutzung menschlicher Dispositionen, Neigungen und geeigneter »Schwachstellen« unseres Geistes, die sich für eine gleichsam freiwillige Selbstversklavung des Menschen im Dienste seiner ökonomischen Verwertbarkeit nutzen lassen. Daher spricht der bedeutende Demokratietheoretiker Sheldon Wolin davon, dass »neoliberale Demokratien« zu einem »invertierten Totalitarismus« neigen: »Unsere Form eines Machtsystem hat seine eigenen Methoden und Strategien entwickelt. Die Genialität des neuen Systems liegt darin, dass es eine totale Macht ausüben kann, ohne Konzentrationslager zu errichten, ideologische Einheitlichkeit zu erzwingen oder Dissens gewaltsam zu unterdrücken, solange er nur unwirksam bleibt.«[73] Wolin sieht dieses System als eine in der Geschichte völlig neuartige Form von Totalitarismus an. Es sei dadurch gekennzeichnet, dass die Gesellschaft unter die Wirtschaft untergeordnet sei, mit der Folge einer »Demobilisierung von Bürgern zu passiven Konsumenten« und eines »Erzeugens von Unsicherheit, Angst und Apathie«. Zudem seien in einem solchen System die

Techniken der Manipulation so verfeinert, dass Gewalt gegen Dissidenten ebenso unsichtbar sei wie massive Einschränkungen des Meinungsspektrums. Ein solches System ist zu seiner Stabilitätssicherung gar nicht mehr auf eine Demokratierhetorik angewiesen. Es kann auf den historischen Ballast einer sozialen Pazifizierungsformel zur Verdeckung gesellschaftlicher Antagonismen verzichten, weil es nicht einmal mehr die Illusion vermitteln will oder muss, eine Demokratie zu sein.

Der neoliberalen Ideologie des unternehmerischen Selbst zufolge stellen alle sozialen Beziehungen vorrangig Konkurrenzverhältnisse dar. Individuen seien lediglich als Humankapital zu betrachten und somit Kriterien einer Profitmaximierung zu unterwerfen. Da ein jeder ein Unternehmer seiner selbst sei, müsse er durch unermüdliche Anstrengungen die nötigen Anpassungsleistungen erbringen, um auf dem Markt erfolgreich zu sein.[74] Unter dem Einfluss der neoliberalen Ideologie des unternehmerischen Selbst werden Fremdzwänge in Eigenzwänge umgedeutet, und Selbstausbeutung geht paradoxerweise mit dem Gefühl von Freiheit einher. Das neoliberale Subjekt ist also für sich selbst Kapital, Einkommensquelle und Produzent zugleich; es ist Designer seiner Identität, macht mit sich selbst Zielvorgaben und ist sein eigener Coach, Berater oder Therapeut. Durch eine solche ökonomische Kolonisierung des Selbst werden die gesellschaftlichen Antagonismen gleichsam internalisiert und nach innen verlegt, womit eine Optimierung von Ausbeutbarkeit und Beherrschbarkeit erzielt wird. Prekarisierung leistet dabei einen entscheidenden Beitrag, den vom Neoliberalismus geforderten flexiblen Menschen hervorzubringen.

Die vorgeblichen Sachzwänge ökonomischer Konkurrenzverhältnisse erzwingen eine Fragmentierung des Selbst in multiple Rollen, die kontinuierlich an Markterfordernisse anzupassen seien. Philip Mirowski beschreibt dies so: »Die

Fragmentierung des neoliberalen Selbst setzt ein, sobald das Subjekt realisiert, dass es nicht nur Angestellter oder Student, sondern auch ein zu verkaufendes Produkt ist, ein wandelndes Werbeplakat, ein Manager seines Lebenslaufs, ein Biograf seiner Motive, ein Unternehmer der eigenen Möglichkeiten. Es muss ihm irgendwie gelingen, zugleich Subjekt, Objekt und Zuschauer zu sein. Es bleibt ihm verwehrt zu erfahren, wer es wirklich ist; stattdessen kauft es provisorisch die Person, die es bald werden muss. Es ist zugleich das Unternehmen, das Rohmaterial, das Produkt sowie der Kunde des eigenen Lebens. Es bildet ein Bündel von Vermögenswerten, die es zu investieren, zu pflegen, zu verwalten und zu vergrößern gilt, aber auch von Verbindlichkeiten, die reduziert, ausgelagert, überbrückt und gegen Schwankungen abgesichert werden müssen. Es ist der Star und das verzückte Publikum des eigenen Auftritts in einem. Das sind keine Rollen, in die man mühelos hineinschlüpft – sie erfordern permanente Festigung und Reglementierung.«[75]

Die Ideologie des unternehmerischen Selbst hat sich in den vergangenen Jahrzehnten in alle gesellschaftlichen Konzeptualisierungen von Kindheit und Erziehung, von Familie und Beziehungen, von psychischen Störungen und Therapie und auch in unsere individuellen Konzeptualisierungen unserer Subjektivität und unserer eigenen Person eingewoben. Sie hat ihre tiefen Spuren im gesamten Bereich der Kultur hinterlassen. Dies zeigt sich etwa in der kulturell-medial verstärkten Überbewertung narzisstischer Bedürfnisse und in der Kultur extremer Individualisierung, Konkurrenz und sozialer Fragmentierung. Zugleich zielt diese Ideologie darauf, Individuen hervorzubringen, die in einer sozial atomisierten Gesellschaft nur noch als Konsumenten eine soziale Identität finden. Der Sozialhistoriker Steve Fraser zeigt in seiner großen historischen Studie *The Age of Acquiescence* detailliert auf, mit welchen Mitteln es eine kapitalistische Demokratie geschafft hat, die Bürger als atomisierte Konsumeinheiten voneinander zu isolieren und dazu zu bringen, für ihre soziale und ökonomische Lage sich selbst oder sich untereinander verantwortlich zu machen, so dass sie nicht einmal mehr eine Idee davon haben, was ein angemessenes menschliches Leben in einer solidarischen Gemeinschaft ausmacht. Die gegenwärtige durch die neoliberale Ideologie geprägte Kultur »fördert eine auf Identität und individuellen Lebensstil fokussierte Form von Gesellschaftspolitik. [...] Sie fördert die Infantilisierung und eine unersättliche Gier nach immer mehr und immer neuartigeren Formen von Falsch-Identitäten und unechten Formen einer Selbstentfaltung. [...] Das Konsumenten-Selbst, das wir heute für selbstverständlich halten, besteht nur aus einer leeren Hülse des Verlangens.«[76]

Im pervertierten Freiheitsbegriff des Neoliberalismus bezieht sich die »Freiheit« einer Person darauf, dass sie sich den Kräften des »freien Marktes« zu unterwerfen hat, also von allen gesellschaftlichen und sozialen Banden »befreit« und somit sozial und gesellschaftlich entwurzelt ist. Scheitert sie auf dem »Markt«, so darf sie dafür nicht gesellschaftliche Verhältnisse verantwortlich machen, sondern muss dies ihrem individuellen Versagen zuschreiben. Die Unsicherheit, ob man in einer konkreten Situation flexibel genug ist, die richtigen Anpassungsleistungen angesichts der Unvorhersehbarkeit des Marktes zu erbringen, führt zu dauerhafter Anspannung und zu einer Intensivierung der Anpassungsanstrengungen. Daher kann eine Person die Haltung eines unternehmerischen Selbst nur um den Preis psychischer Deformationen annehmen. Da die Ideologie des unternehmerischen Selbst auf einem empirisch hochgradig unangemessenen Menschenbild beruht, also der tatsächlichen Beschaffenheit unseres Geistes zuwiderläuft, überrascht es nicht, dass diese Entwicklungen mit zunehmenden narzisstischen und Borderline-Störungen, mit Burn-out, schweren Depressionen und Angststörungen einhergehen.[77]

Die Ideologie des unternehmerischen Selbst ist mit ihren Folgen einer Individualisierung und Entsolidarisierung längst auch in emanzipatorischen Bewegungen wirksam geworden. Dort spiegelt sie sich beispielsweise in Parolen wider wie: »Wer die gesellschaftlichen Verhältnisse verändern will, soll die Veränderungsenergie nicht auf Zentren der Macht richten, sondern mit der eigenen Veränderung beginnen.« Diese frohe Botschaft zur Individualisierung des Glücks – die »Privatisierung der Utopie« (Steve Fraser) – wird sicherlich von den Herrschenden gerne begrüßt. Entgegen einer solchen individualisierenden Konzeption ist Glück jedoch ein Zustand, der nicht allein von unserer individuellen Selbstentfaltung und Selbstverwirklichung abhängt, sondern wesentlich auch von unseren sozialen Lebensverhältnissen, insbesondere einem Gefühl von Zugehörigkeit, und damit auch von unseren materiellen Lebensverhältnissen.[78] Die vielfältigen Formen einer individualisierenden Psychologisierung von Glück und Selbstverwirklichung, wie sie gegenwärtig wieder hoch im Kurs stehen, tragen zur Stabilisierung der gegebenen Machtverhältnisse bei und führen zu einer weiteren Entleerung des politischen Raumes.

Prekäre materielle Lebensbedingungen erzeugen zusammen mit den beiden genannten ideologischen Deutungsrahmen einer grundsätzlichen Undurchschaubarkeit und Unbeeinflussbarkeit der gesellschaftlichen Situation sowie der Ideologie des unternehmerischen Selbst eine sich selbsterhaltende Endlosspirale diffuser Angst, die in besonderer Weise als Psychotechnik der Machtstabilisierung geeignet ist. Sie soll im nächsten Abschnitt näher beschrieben werden.

Zu der Beschaffenheit unseres Geistes gehört eine natürliche Disposition zu Verzerrungen unserer Urteile über die jeweils gegebene gesellschaftliche Situation. Diese Verzerrungen werden in der wissenschaftlichen Literatur als »status quo bias« bezeichnet. Sie sind in der Psychologie gut untersucht, sind von hoher gesellschaftlicher Relevanz und lassen sich über eine Reihe von Variablen modifizieren und steuern, also manipulieren. Sie beziehen sich auf unsere natürliche Neigung, den jeweiligen Zustand der Gesellschaft, in der wir leben, als gut, gerecht, moralisch legitim, erstrebenswert usw. anzusehen. Wir neigen dazu, den gesellschaftlichen Status quo allen Alternativen vorzuziehen, und zwar auch dann, wenn diese objektiv besser sind. Wir sind unserer Natur nach Anhänger des Status quo. [...] Eine solche psychische Disposition ist in der Regel – und solange sie nicht von außen manipuliert wird – eine durchaus wünschenswerte Eigenschaft für die Organisation unseres Zusammenlebens. Sie geht, wie viele psychologische Studien gezeigt haben, mit weiteren psychologischen Tendenzen einher, die ebenfalls hohe gesellschaftliche Relevanz haben.

Beispielsweise sind wir immer bereit, die Nachteile des Status quo kleinzureden und Geschichten zu erfinden, die seine Nachteile in einem günstigeren Licht erscheinen lassen. Damit einhergehend haben wir eine Neigung, den gesellschaftlichen Opfern des Status quo selbst die Schuld für ihre Situation zu geben. Zugleich neigen wir dazu, diejenigen eher negativ einzuschätzen, die den Status quo verändern wollen. Wie stark diese Neigung zur Verteidigung des Status quo ausgeprägt ist, hängt von einer Vielzahl von kognitiven, affektiven und sozialen Variablen ab. Ebenso wird sie erhöht, wenn man von einem bewussten Nachdenken systematisch abgelenkt wird – sei es durch Zeitdruck oder Darbietung irrelevanter Themen – oder wenn eine stereotype und schlichte Begrifflichkeit für eine kognitive Einordnung der gesellschaftlichen Verhältnisse vorgegeben wird. All diese Variablen lassen sich relativ einfach von außen manipulieren, ohne dass uns diese Manipulationen überhaupt bewusst werden. Dadurch bieten derartige Variablen ein sehr wirkungsvolles Einfallstor, um die Status-quo-Neigung der Bevölkerung im gewünschten Sinne zu manipulieren.

→ *Warum schweigen die Lämmer?*, Seite 128 f.

Die Traumatisierungsspirale für die Opfer neoliberaler Transformationsprozesse

Prekarisierung erzeugt bei den Betroffenen durch den Statusverlust und den Verlust einer Planungssicherheit Realangst. Diese Realangst ist jedoch durch die neoliberale Ideologiekomponente des unternehmerischen Selbst nicht mehr durch ein aktives Handeln zu bewältigen. Das Individuum schreibt sich sein Versagen selbst zu, wodurch die ausgelöste Realangst in Binnenangst transformiert wird. Da das unternehmerische Selbst auch bei größten individuellen Anstrengungen durch die unberechenbaren Veränderungen der Anforderungen des Marktes und durch seine Situiertheit in permanenter Konkurrenz niemals sicher sein kann, dass andere in ihrer Marktanpassung nicht »erfolgreicher« sind, ist es mit einer andauernden Erfahrung von Überforderung und Ohnmacht konfrontiert. Dies wiederum löst in der betroffenen Person psychodynamische Prozesse aus, die sie stärker an den Status quo der ursprünglichen angstauslösenden Situation einer Prekarisierung binden und die ihr diese Situation, gewissermaßen in einer »Identifikation mit dem Aggressor«, als gerecht und berechtigt erscheinen lässt. Durch diese psychodynamischen Prozesse entsteht eine sich selbst erhaltende Traumatisierungsspirale der Verstärkung von lähmender Binnenangst.[79]

Auf diese Weise wird bei den Opfern der Prekarisierung – und mittelbar in der Gesellschaft insgesamt – in einem sich selbst verstärkenden Prozess die Tendenz erhöht, den gesellschaftlichen Status quo zu akzeptieren und als erhaltenswert anzusehen.[80]

Obwohl die Verlierer neoliberaler Transformationsprozesse und diejenigen, die auf diese Umgestaltung von Lebens- und Arbeitsbedingungen mit Abstiegsängsten und Ängsten vor dem Verlust ihres sozialen Status reagieren, nicht einfach Leidtragende von Naturgesetzlichkeiten globalisierter Märkte sind, sondern Opfer konkreter Entscheidungen der Machtausübenden, werden sie durch Psychotechniken, die auf eine Transformation von Angst in Binnenangst zielen, dazu gebracht, ihre Situation als selbst verschuldet anzusehen.

Die neoliberale Ideologie führt dazu, dass die Verlierer des Neoliberalismus Scham über ihre eigene Situation empfinden. Dies erzeugt bei ihnen innerpsychische Spannungen, die ihren äußeren Ausdruck darin finden, dass die Betroffenen eine verstärkte Neigung aufweisen, sich mit den Erfolgreichen und Mächtigen zu identifizieren und sich zugleich zu Lasten

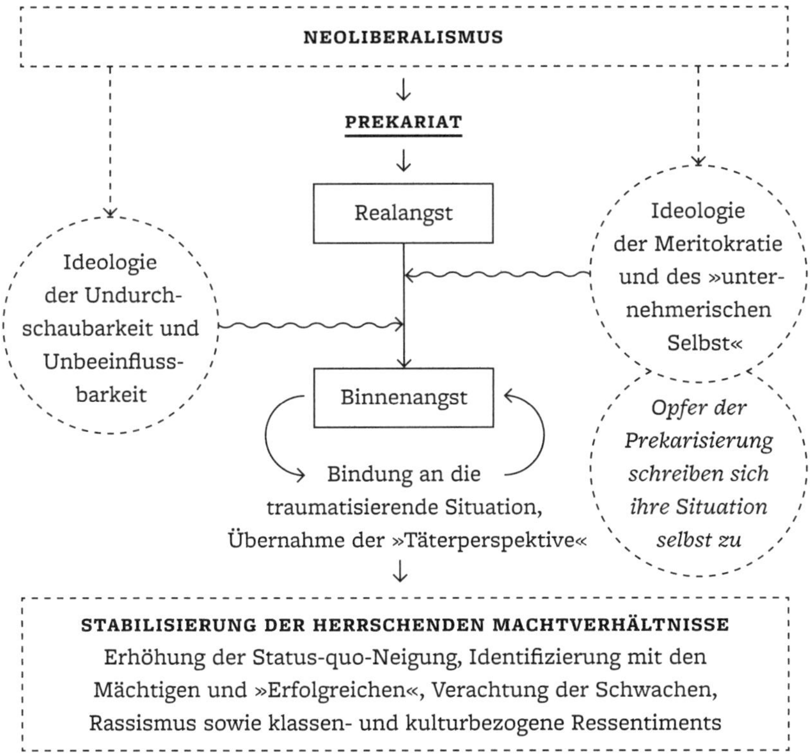

derjenigen, die sozial noch niedriger stehen, psychisch zu stabilisieren.

Während der Neoliberalismus die Opfer seiner Transformationsprozesse als für ihre Situation selbstverantwortlich erklärt, hat er es zugleich geschafft, für die politischen und ökonomischen Entscheidungsträger eine »Kultur der Verantwortungslosigkeit« (C. Wright Mills) zu etablieren. Durch die ideologische Behauptung, dass diese Entscheidungsträger nur Sachzwängen und Naturgesetzlichkeiten des globalisierten freien Marktes Rechnung tragen würden, werden die Folgen dieser bewussten Entscheidungen – die Agenda 2010 ist ein prominentes Beispiel – dem menschlichen Verantwortungsbereich entzogen. Der Neoliberalismus hat eine neue Kategorie menschlichen Tuns hervorgebracht, nämlich Taten ohne Täter. Damit hat er den Opfern dieser Taten die Möglichkeit genommen, diese Taten als menschliche Taten zu verstehen, sie Tätern zuzuweisen und aus diesen Taten angemessene Konsequenzen für ein gesellschaftliches Handeln zu ziehen.

Die systematische Erzeugung von sozial-ökonomischer Unsicherheit lässt in der Gesellschaft zwangsläufig große Empörungs- und Protestpotentiale entstehen und damit politische Veränderungsbedürfnisse. Der Neoliberalismus benötigt daher besonders wirkungsmächtige Methoden, diese Veränderungsbedürfnisse zu neutralisieren und auf Ablenkziele umzuleiten. Nun ist im Neoliberalismus die Organisation von Macht – und damit auch die tatsächlichen ökonomischen und politischen Zentren der Macht – für die Öffentlichkeit praktisch unsichtbar geworden. Zudem wurde in den verschiedenen Entwicklungsphasen des Neoliberalismus ein kaum noch überschaubares Arsenal an Möglichkeiten geschaffen, mit denen sich verhindern lässt, dass politische Veränderungsenergien auf demokratischem Wege nach oben zu den Machtausübenden wirksam werden können. In einer solchen Situation bieten

↑ »Zwei Proleten«, 1922,
Franz W. Seiwert

sich solche Psychotechniken der Macht als besonders wirksam, durch die sich Veränderungsenergien nach unten zu den Machtunterworfenen selbst ableiten lassen. Durch die dem Neoliberalismus konstitutiv eingewobene meritokratische[81] und sozialdarwinistische[82] Grundhaltung lässt sich dies leicht bewerkstelligen. Denn die sozialdarwinistische Verachtung der Schwachen liegt am Ursprung der neoliberalen Ideologie; sie ist ihre Grundlage und ihr treibendes Moment. Wer ohne Arbeit ist, so befand schon 1884 der englische liberale Philosoph Herbert Spencer in seinem Werk *The Man Versus the State*, gehöre schlicht zu den »Taugenichtsen, die auf die eine oder andere Weise von den Tüchtigen leben«. (»They are simply good-for-nothings, who in one way or other live on the good-for-somethings.«) Denn es könne wohl kein Zweifel darüber bestehen, »dass in unserer Mitte ein immenses Maß an Elend existieren muss, das eine normale Folge von Fehlverhalten ist«. Es gebe nun einmal, so lautet durch die Jahrhunderte die anthropologische Weisheit der Herrschenden, kategorial unterschiedliche Arten von Menschen: bei Aristoteles Menschen, die von Natur aus zum Herrschen geboren seien, und Menschen, die von Natur aus zum Dienen geboren seien; beim gegenwärtigen französischen Staatspräsidenten Emmanuel Jean-Michel Frédéric Macron »Leute, die Erfolg haben, und jene, die nichts sind« (»gens qui réussissent et d«autres qui ne sont rien«, 29. Juni 2017).

Der Neoliberalismus ist sehr erfolgreich in seinem Bemühen, die Opfer seiner Transformationsprozesse dazu zu bringen, sich ihre Situation »als normale Folge von Fehlverhalten« selbst zuzuschreiben. Wenn sich erst die Verlierer einer neoliberalen Gesellschaftsordnung für ihre Situation selbst verantwortlich machen, bedarf es keiner großen propagandistischen Bemühungen mehr, sie für gesellschaftliche Gegenwartsprobleme insgesamt verantwortlich zu machen und politische Veränderungsenergien in einen Hass auf die Schwachen und Armen zu transformieren und auf diese Weise zu neutralisieren.[83] Entsprechend gibt es eine wachsende Tendenz, Arbeits- und Obdachlose nach ökonomistischen Kriterien einer Verwertbarkeit zu beurteilen, sie als Versager und Überflüssige zu klassifizieren und somit zu entmenschlichen. »Dass die Armen nicht mehr als Klasse gelten, macht es leichter, sie als Einzelne zu hassen. Sie sind der Abfall des Marktes.«[84]

Das zunehmende gesellschaftliche Sichtbarwerden von Prekarisierung und ihren Folgen beunruhigt auch die sozioökonomisch mittleren Schichten. Sie erleben eine wachsende materielle Unsicherheit über den Erhalt ihres sozialen Status und müssen die damit verbundenen Abstiegsängste psychisch bewältigen. Da die Ideologien der Meritokratie und des unternehmerischen Selbst den Weg zu einem solidarischen politischen Handeln blockieren, werden aus realen Abstiegsängsten diffuse Binnenängste. Die damit verbundenen Psychodynamiken, wie sie in der Traumatisierungsspirale beschrieben sind, lassen sich wiederum für Zwecke einer Machtstabilisierung nutzen. Gerade die Abstiegsängste erhöhen die Neigung der Betroffenen, den jeweiligen Status quo zu rechtfertigen und zu verteidigen. Durch die gewaltigen vom Neoliberalismus erzeugten gesellschaftlichen Spannungen hat diese ideologische Verteidigung des Status quo Formen angenommen, die der Soziologe und Konflikt- und Gewaltforscher Wilhelm Heitmeyer »rohe Bürgerlichkeit« nennt. Das Entstehen und die Entwicklungen dieser Bewältigungsformen von Folgen der neoliberalen Transformation der Gesellschaft hat Heitmeyer seit Mitte der 1980er-Jahre detailliert erfasst und analysiert. Diese Art der Bewältigung in Form einer »rohen Bürgerlichkeit« ist dadurch gekennzeichnet, dass sie »sich bei der Beurteilung sozialer Gruppen an den Maßstäben der kapitalistischen Nützlichkeit, Verwertbarkeit und Effizienz orientiert und

somit Gleichwertigkeit von Menschen sowie ihre psychische wie physische Integrität antastbar macht und dabei zugleich einen Klassenkampf von oben inszeniert«. Dadurch hätten Teile des Bürgertums, so Heitmeyer, die Solidarität mit »denen da unten« aufgekündigt und pflegten einen »eisigen Jargon der Verachtung«, mit dem Hartz-IV-Empfänger und Langzeitarbeitslose als »Nutzlose« und »Ineffiziente« diskriminiert werden. In höheren Einkommensgruppen habe sich verstärkt eine »Ideologie der Ungleichwertigkeit« verfestigt.

↑ »Bürger und Arbeitslose«, 1925, Franz W. Seiwert

»*Rohe Bürgerlichkeit* zeichnet sich – befeuert von politischen Entscheidungen – durch Tendenzen eines Rückzugs aus der Solidargemeinschaft aus.«[85] Heitmeyer sieht in der von ihm erfassten »rohen Bürgerlichkeit« den »Nährboden für eine elitär motivierte Menschenfeindlichkeit«.[86] Diese Menschenfeindlichkeit wohnt freilich, wie das dem Neoliberalismus zugrunde liegende Menschenbild bereits erkennen lässt, dem Neoliberalismus wesenhaft und konstitutiv inne.

Als Ursachen dieser Entwicklung einer »rohen Bürgerlichkeit« macht Heitmeyer die »ökonomistische Durchdringung sozialer Verhältnisse«, eine »Demokratieentleerung« und »fehlende politische und öffentliche Debatten über das Verhältnis von Kapitalismus und Demokratie« aus. Damit identifiziert er präzise die tieferliegenden Wurzeln sozialer Verrohungen, die mit dem Siegeszug der neoliberalen Revolution von oben ein Kennzeichen der Gesellschaften in »kapitalistischer Demokratien« geworden sind.

Das Verhältnis von Demokratie und Kapitalismus muss daher wieder oder überhaupt erst einmal in das Zentrum öffentlicher Debatten über die Zukunft unserer Gesellschaft rücken. Solange wir dieses Verhältnis nicht geklärt haben, können wir auch keine überzeugenden und attraktiven Rahmenerzählungen anbieten, die emanzipatorischen Bewegungen erst Kohärenz und politische Wirksamkeit geben können.

Empirische Netzwerkanalysen zur globalen ökonomischen Elite zeigen, dass in der »global corporate elite« durch personelle Verflechtungen zwischen Vorständen (»interlocking directorate«) der tatsächliche Kreis derjenigen, die Einfluss auf die etwa 150 mächtigsten Großkonzerne, Beteiligungsgesellschaften u. ä. der Welt ausüben, ausgesprochen klein ist und dass wenige hundert Individuen »make the most immediate structural contributions to transnational class formation«.

Der Kreis derjenigen, die die tatsächlichen Zentren globaler politisch-ökonomischer Macht repräsentieren, hat sich im Rahmen der neoliberalen Revolution dramatisch verringert (eine Machtkonzentration, die sich durch die Digitalisierung noch einmal massiv verstärken wird).

Zugleich sind diese hochgradig vernetzten Personengruppen für die Öffentlichkeit als Repräsentanten der Zentren der Macht praktisch unsichtbar und jeder Art demokratischer Rechenschaftspflicht entzogen. Ihre durch ein riesiges Netz von Think-Tanks koordinierte ideologische Homogenisierung und ihre streng autoritäre interne Organisationsform geben ihnen einen überwältigenden Einfluss auf alle relevanten politischen Entscheidungen und auf alle relevanten Fragen politischer Planungen.

→ *Warum schweigen die Lämmer?*, Seite 225f.

Wie kann eine größtmögliche Freiheit von gesellschaftlicher Angst gewonnen werden?

Der Neoliberalismus hat es vermocht, auf den dunkleren Seiten des Menschen eine ganze Gesellschaft zu errichten. Er hat seine anthropologische Lüge eines *homo oeconomicus*, um mit Günther Anders zu sprechen, wahrgelogen. Obgleich das dem Neoliberalismus zugrunde liegende Menschenbild ein perverses Zerrbild des Menschen ist, hat es der Neoliberalismus geschafft, seinem Menschenbild eine gesellschaftliche Realität zu verleihen.

Mit der Entwicklung des Kapitalismus zum Neoliberalismus hat der Kapitalismus seine kurzzeitig durch den Druck sozialer Bewegungen erzwungenen Bemühungen aufgegeben, mit der Demokratie eine gesellschaftliche Zweckverbindung einzugehen. Er hat die demokratische Maske fallengelassen, mit der er eine Zeit lang aus strategischen Gründen seine radikal antidemokratische Zielsetzung verborgen hat.

Damit hat er auch einen demokratischen Reformismus, den der Industriekapitalismus stets zu seiner Stabilisierung und zum Schutz vor sich selbst benötigt hat, weitgehend unwirksam und unmöglich gemacht.[87] Dadurch können sich nun in der neoliberalen Extremform des Finanzkapitalismus die selbstdestruktiven Momente des Kapitalismus und seine inneren Widersprüche ungehemmt entfalten. Mag sich der Leviathan des Neoliberalismus auch die Verkleidung einer kapitalistischen Demokratie geben, so bleibt er ein autoritäres und quasi-totalitäres System, das – in sich flexibel ändernden Formen – jederzeit bereit ist, auf autoritären Wegen sein zentrales Ziel durchzusetzen und zu erhalten, nämlich eine gegen alle demokratischen Einflüsse geschützte Ausbeutung der Vielen zu

Gunsten der Wenigen. Das demokratische Versprechen einer größtmöglichen Freiheit von Angst ist damit hinfällig geworden. Mehr noch: Der Neoliberalismus produziert nicht nur systematisch den Rohstoff »Angst«, sondern hat die Psychotechniken einer auf Angsterzeugung basierenden Sicherung seiner Stabilität zur Perfektion verfeinert.

Demokratie und Kapitalismus sind, wie vielfach sorgfältig aufgezeigt wurde, nicht miteinander vereinbar. Damit ist es aus grundsätzlichen Gründen auch unmöglich, in einer »kapitalistischen Demokratie« die drei demokratischen Versprechen – nämlich gesellschaftliche Selbstbestimmung, friedliche Lösung innerer und äußerer Konflikte und Freiheit von gesellschaftlicher Angst – einzulösen. Wenn wir also auf die gesellschaftlichen Möglichkeiten, die mit diesen Versprechen verbunden sind, nicht verzichten wollen, müssen wir uns von der Ideologie einer Alternativlosigkeit kapitalistischer Demokratien befreien. Das wird – selbst gedanklich – keine leichte Aufgabe werden. Denn seit Beginn des vergangenen Jahrhunderts war und ist die Entwicklung höchst ausgefeilter Indoktrinationstechniken ausdrücklich von dem Ziel geleitet, unsere Befähigung grundsätzlich zu blockieren, uns überhaupt noch Alternativen zu einer kapitalistischen Gesellschaftsordnung vorstellen zu können. Diese kapitalistische Indoktrination, die seit hundert Jahren unsere Gesellschaft durchdringt und weit über traditionelle Techniken der Propaganda hinausgeht, ist so erfolgreich wie keine Ideologie zuvor. »Es erscheint uns heute leichter, uns das Ende der Welt als das Ende des Kapitalismus vorzustellen.«[88] Uns scheint weitgehend die Fähigkeit abhandengekommen zu sein, uns überhaupt noch vorzustellen, wie eine menschenwürdigere Gesellschaft aussehen könnte.

Praktikable und realisierbare Vorschläge dazu gibt es genug, wie die lange Geschichte emanzipatorischer Bemühungen und Kämpfe zeigt; jedoch sind sie im kollektiven gesellschaftlichen

Gedächtnis nicht mehr präsent. Wie immer man diese Vorschläge im Detail bewerten mag, eines sollte bei einem ideologisch halbwegs ungetrübten Blick auf die gesellschaftliche und ökologische Situation der Gegenwart unstreitig klar sein: Der Neoliberalismus und mit ihm das Modell einer Elitendemokratie sind historisch in einer so verheerenden Weise als Modelle zivilisatorischen Fortschritts gescheitert wie wohl kein Wirtschaftsmodell und keine Ideologie zuvor.[89] Mittlerweile haben nicht einmal mehr die ökonomischen und politischen Eliten neoliberaler Elitendemokratien überhaupt noch irgendwelche Vorstellungen, wie den regelmäßigen Krisen, die der Neoliberalismus produziert, zu begegnen sei. Sie haben längst die Kontrolle aufgegeben und reagieren nur noch mit kurzfristigen Ad-hoc-Strategien zur Sicherung ihrer Macht. Der Neoliberalismus hat mittlerweile den Kopf, den er eigentlich nie hatte, verloren und irrlichtert als wirres Ideologiegestöber durch die Köpfe der besitzenden Klasse und ihrer ideologischen Lakaien. Nach einer jeden der zwangsläufigen und sich zunehmend verschärfenden Krisen zwingt er die ökonomischen Zentren der Macht, neue pragmatische Strategien zusammenzustückeln, mit denen sie wieder als Nutznießer aus der Krise hervorgehen. Als eine auch nur halbwegs rationale Ideologie ist der Neoliberalismus längst tot. Das übrig gebliebene Wesen ist, wie Jamie Peck schreibt, eine Zombie-Ideologie: »Tot, aber dennoch dominant könnte der Neoliberalismus tatsächlich in seine Zombiephase eingetreten sein. Das Gehirn scheint längst nicht mehr zu funktionieren, aber die Gliedmaßen bewegen sich noch, und viele der Abwehrreflexe scheinen auch zu funktionieren. Die lebenden Toten der marktwirtschaftlichen Revolution leben weiter auf der Erde, obwohl mit jeder Auferstehung ihr entschieden unkoordinierter Gang noch unberechenbarer wird.«[90] Mit jeder seiner Bewegungen produziert dieser Zombie-Leviathan weitere ökologische, soziale und psychische Verwüstungen. Dazu gehören auch die sozialen und psychischen Verwüstungen durch ein systematisches Erzeugen von Angst.

Wenn wir uns aus den Fesseln systematisch erzeugter gesellschaftlicher Angst befreien und emanzipatorische Fortschritte in Richtung einer menschenwürdigeren Gesellschaft ermöglichen wollen, so müssen wir, wie Noam Chomsky nicht müde wird uns zu ermahnen, entschlossen an die Wurzeln der Machtverhältnisse gehen, die einem solchen Ziel im Wege stehen: »Solange die Wirtschaft unter privater Kontrolle steht, ist es egal, welche Formen das System annimmt, weil sich mit der *Form* nichts erreichen lässt. Selbst wenn es politische Parteien gäbe, an denen sich die Bürger engagiert beteiligen und Programme ausarbeiten, von denen sie überzeugt sind, hätte das bestenfalls marginalen Einfluss auf die Politik, weil die Macht anderswo verortet ist.«[91]

Nehmen wir einmal kontrafaktisch an, dass es uns auf der Basis aller Erfahrungen der Geschichte und des gesamten zur Verfügung stehenden Wissens gelungen wäre, eine realistische Konzeption einer menschenwürdigen Gesellschaft zu entwerfen. Insbesondere wollen wir kontrafaktisch annehmen, dass es uns für die Formulierung eines solchen Ziels gelungen wäre, alle verfügbaren Einsichten in die menschliche Natur und in die Beschaffenheit der Gesellschaft zu integrieren, einschließlich aller historischen Erfahrungen, die in langen sozialen Kämpfen gewonnen wurden, und aller Einsichten in gegenwärtige Organisationsformen der Zentren der Macht, und dass wir zudem konkrete praktikable Organisations- und Wirtschaftsformen einer menschenwürdigen Gesellschaft entwickelt hätten, einschließlich realistischer Transformationsprozesse, die uns von der jetzigen Situation zu einem gewünschten Zustand führen würden. All dieses Wissen als solches wäre vermutlich kaum geeignet, etwas an der heutigen Situation zu ändern, weil diejenigen, bei denen heute die Macht verortet ist und die nach einer solchen Transformation sehr viel schlechter gestellt wären, schlicht die Macht haben, die politische Akzeptanz der von uns angestrebten Änderungen zu verhindern, und über Repressionsmittel verfügen, alle entsprechenden Transformationsprozesse zu verhindern.

Die tatsächliche Macht ist heute in neuartigen globalen Organisationsformen verortet, die vollkommen einer gesellschaftlichen Kontrolle entzogen sind, die für die Bevölkerung weitgehend unsichtbar sind und die zudem durch einen gigantischen US-amerikanischen Militär- und Sicherheitsapparat geschützt werden.[92] Daraus resultiert eine Asymmetrie der Machtverhältnisse zwischen den Zentren der Macht und denjenigen, die ihr unterworfen sind, die in ihrem globalen Maßstab und in ihrer gesellschaftlichen Durchdringungstiefe historisch einzigartig ist.

Der Neoliberalismus hat zu einem zivilisatorischen Regress einer Entzivilisierung von Macht geführt, als dessen Folge unsere Gesellschaft und unsere gesamten Lebensgrundlagen zerstört werden. Ein wirksames zivilisatorisches Gegenmittel kann nur von unten kommen und muss von unserer Entschlossenheit und unserer unbeirrbaren Überzeugung geleitet sein, dass es keine Form gesellschaftlicher Macht geben darf, die nicht demokratisch legitimiert ist. Ein solches Projekt hat zu seiner notwendigen Voraussetzung, zunächst die mit dem Neoliberalismus zum Extrem getriebene soziale Fragmentierung und Atomisierung zu überwinden und auf der Grundlage eines egalitären Humanismus – also einer Anerkennung aller Menschen als Freie und Gleiche ungeachtet ihrer faktischen Differenzen – Solidarität und Gemeinschaftssinn als Fundamente gesellschaftlichen Handelns zurückzugewinnen.

Anmerkungen

1 Neumann (1954/78, S. 424)

2 siehe z.B. Twenge et al. (2019)

3 siehe z.B. Stearns (2012) oder Skoll (2016)

4 Bourke (2007, S. ix)

5 Eine Konzeptualisierung von Gefühlen der Angst (wie von Gefühlen allgemein) hängt auch von den Eigenschaften der verfügbaren sprachlichen Begriffe ab. Zu den semantischen Besonderheiten des deutschen Wortes »Angst« siehe Wierzbicka (1999), Kapitel 3 »A case study of emotion in culture: German Angst«.

6 Für allgemeine Aspekte der Beziehung von Politik und Angst siehe z.B. Robin (2004 a,b), Bourke (2006), Stearns (2012) oder Skoll (2010, 2016) sowie auch den BBC-Dokumentarfilm von Adam Curtis (2004). The Power of Nightmares: The Rise of the Politics of Fear.

7 Polybios, Historíai, 6, 55–57.

8 »habendus metus est aut faciundus«, Sallust, Historiae, 1. In: Wilhem Schöne (2014). Sallust. Werke und Schriften (S. 347). Berlin: Tusculum.

9 Acemoglu & Robinson (2005, S. 293)

10 »[...] when the costs of repression are sufficiently high and promises of concessions are not credible, elites may be forced to create democracy.« – »In a society in which income from capital becomes more important than income from land, it is more likely that the potential costs of repression exceed those of democracy and the elites prefer to give democracy to the dissatisfied citizens rather than use force against them.« (Acemoglu & Robinson, 2005, S. 293)

11 Genau in dieser Funktion, die extrem unterschiedlichen Partikularinteressen verschiedener Elitengruppierungen in die Form einer gemeinsamen Herrschaft zu bringen und zugleich das Volk von einer politischen Partizipation auszuschließen, lagen, wie Karl Marx aufzeigte, die historischen Wurzeln für die Einführung der parlamentarischen Demokratie. »Die parlamentarische Republik war mehr als das neutrale Gebiet, worin die zwei Fraktionen der französischen Bourgeoisie, Legitimisten und Orleanisten, großes Grundeigentum und Industrie, gleichberechtigt nebeneinander hausen konnten. Sie war die unumgängliche Bedingung ihrer gemeinsamen Herrschaft, die einzige Staatsform, worin ihr allgemeines Klasseninteresse sich zugleich die Ansprüche ihrer besondern Fraktionen wie alle übrigen Klassen der Gesellschaft unterwarf.« (Marx, 1852, Der achtzehnte Brumaire des Louis Bonaparte)
Siehe hierzu auch den Aufsatz von Rosa Luxemburg Sozialdemokratie und Parlamentarismus von 1904.

12 »When the elites are divided and have a hard time coordinating, democracy can emerge as a system of power sharing. The second has to do with struggles between nonelites and the elite. When the elites can no longer keep nonelites in check, they may prefer to give the nonelites the vote instead of facing the prospect of political instability and mass revolt.« (Rodrik, 2017, S. 98)

13 Carey (1997, S. 18)

14 Das geradezu explosionsartige Wachstum von Sozialwissenschaften und Psychologie seit Anfang des vergangenen Jahrhunderts verdankt sich den seit dieser Zeit exponentiell wachsenden finanziellen staatlichen und wirtschaftlichen Mitteln, mit denen diese Bereiche als Sozialtechnologien gefördert werden. Die wachsende Bedeutung von Sozialtechniken im Dienste politischer und wirtschaftlicher Interessen resultierte aus der Einsicht der Machteliten, dass Kontrolltechniken der sogenannten Soft Power nachhaltiger wirken und sehr viel kostengünstiger sind als offene Repression (s. z. B. Fones-Wolf, 1994, Carey, 1995; Moloney, 2006; Soules, 2015).

15 Gerade in kapitalistischen Demokratien gehört das Unsichtbarmachen der Operationsweisen von Macht vor der Öffentlichkeit zu den wichtigsten Herrschaftstechniken. Der einflussreiche US-amerikanische Politikwissenschaftler Samuel Huntington bemerkte, dass wirksame Macht unbemerkte Macht sei und sichtbare Macht an Wirkung verliere. »[...] effective power is unnoticed power; power observed is power devalued. [...] The architects of power in the United States must create a force that can be felt but not seen. Power remains strong when it remains in the dark; exposed to the sunlight it begins to evaporate.« Huntington (1981, S. 75) Das lässt auch die unerbittlich aggressiven Reaktionen der Zentren der Macht auf Whistleblower verstehen.

16 Diese Unterscheidung findet sich bereits in der Antike – wobei das Wort Phobos, dem unser Fremdwort Phobie entstammt, im Griechischen Flucht oder auch Schrecken bedeutet, also auf ein konkretes Objekt bezogen ist.

17 Beispielsweise zeigte Horwitz (1977) in seinem rechtshistorischen Klassiker auf, wie bereits mit der Gründung der Vereinigten Staaten eine kapitalistische Umverteilung von unten (Farmer, Arbeiter, u. Ä.) nach oben (Kapitalbesitzer) durch kontinuierliche Entwicklung eines dazu geeigneten Rechtssystems rechtlich fixiert und gegen demokratische Einflüsse abgesichert wurde.

18 Lohnarbeit unter kapitalistischen Zwangsverhältnissen ist daher als eine Form der Sklaverei anzusehen, wie auch Noam Chomsky noch einmal feststellt: »Human rights are rooted in human nature, and we violate fundamental human rights when people are forced to be slaves, wage slaves, servants of external power, subjected to systems of authority and domination, manipulated and controlled ›for their own good‹.« (Chomsky, 2008, S. 253)

19 Jaspers, Karl (1966). Wohin treibt die Bundesrepublik? *Der Spiegel*, 18. April 1966. https://www.spiegel.de/spiegel/print/d-46266482.html

20 Illich (1983, S. 26)

21 Im Kontext des Themas dieses Bandes geht es im Folgenden lediglich um die Rolle unbestimmter Rechtsbegriffe und einer Entformalisierung des Rechts als eine Herrschaftstechnik der Angsterzeugung und eines Dissensmanagements. Zu allgemeinen rechtswissenschaftlichen Fragen und zu konkreten Beispielen unbestimmter Rechtsbegriffe siehe z.B. Jestaedt (2010, S. 347ff.). Zur Rechtsdogmatik von „unbestimmten Rechtsbegriffen“ und „Ermessen“ im Verwaltungsrecht siehe z.B. Jestaedt (2010, S. 337ff.), zur Problematik unbestimmter Rechtsbegriffe im Strafrecht siehe z.B. Albrecht (2011, S. 67ff.; 102ff.).

22 Maus (1986, S. 278)

23 Maus (2018, 97)

24 Maus (2011, S. 19)

25 Maus (2011, S. 37)

26 Wolfgang Schäuble, *Spiegel*-Interview vom 7. Juli 2007

27 Die britische Sozialwissenschaftlerin Susan Strange, die das Gebiet der Internationalen Politischen Ökonomie begründete und an der London School of Economics lehrte, zeigte in ihren Arbeiten (z.B. 1996) auf, dass das Wuchern der Finanzkriminalität im Neoliberalismus keineswegs eine zufällige Entwicklung ist, sondern Folge bewusster politischer Entscheidungen, die Kapitalbesitzern »wahrhaft feudale Privilegien« bescheren.

28 siehe auch Maus (2018, S. 76ff.)

29 Frankenberg (2010, insbes. S. 202, 214ff.)

30 Günther Jakobs (2004, S.93). Bürgerstrafrecht und Feindstrafrecht, Höchstrichterliche Rechtsprechung zum Strafrecht HRRS, 5, 88-95.

31 »Tolle divitem et pauperem non invenies. Nemo plus, quam necessarium est, possideat, et, quantum necessarium est, omnes habebunt. Pauci enim divites pauperum sunt causa multorum.« Traktat *De Divitiis*. Eine sehr erhellende historische Einbettung und Interpretation gibt Brown (2018).

32 Die athenische Demokratie und die Demokratiekonzeption der amerikanischen Gründerväter waren durch ein Zensuswahlrecht gekennzeichnet, bei dem das Wahlrecht, das Stimmgewicht und die Bekleidung politischer Ämter an den Besitz von Vermögen gebunden ist. Noch im 19. Jahrhundert war in repräsentativen Demokratien die Bevorzugung der besitzenden Bürger noch ganz selbstverständlich. Die meritokratische Ideologie ist also eng verflochten mit der Konzeption der repräsentativen Demokratie und findet in der besonders von Walter Lippmann und Joseph Schumpeter formulierten Konzeption einer Elitendemokratie ihren ungeschminkten Ausdruck. Als anti-egalitäre Ideologie sind meritokratische Herrschaftsformen mit einer Demokratie nicht verträglich.

33 »*Das* aber ist es eben, was dem präkapitalistischen Menschen so unfasslich und rätselhaft, so schmutzig und verächtlich erscheint. Dass jemand zum Zweck seiner Lebensarbeit ausschließlich den Gedanken machen könne, dereinst mit hohem materiellen Gewicht an Geld und Gut belastet ins Grab zu sinken, scheint ihm nur als Produkt perverser Triebe: der ›auri sacra fames‹ [des ›fluchwürdigen Hungers nach Gold‹, Vergil] erklärlich.« (Max Weber, 1904, Die protestantische Ethik und der Geist des Kapitalismus)

34 Pierre Bourdieu spricht von Soziodizee. »Diese Wort habe ich nach dem Vorbild des Leibnizschen Begriffs der Theodizee, der Rechtfertigung Gottes, gebildet; Soziodizee ist mithin die Rechtfertigung der Gesellschaft. Dieser Begriff bezeichnet all diejenigen Strategien, deren Funktion es ist, die Dinge so, wie sie sind, zu rechtfertigen. Man fasst das vage unter den Begriff der Ideologie, der jedoch dermaßen ungenau und nebulös ist, dass ich ihn lieber abschaffen und durch Soziodizee ersetzen möchte.« (Bourdieu, 2012, S. 420)
»Max Weber hat gesagt, dass es die Herrschenden immer nach einer ›Theodizee ihrer Privilegien‹ verlange, oder besser nach einer Soziodizee, einer gedanklichen Rechtfertigung ihrer gesellschaftlichen Sonderrechte. Kompetenz bildet heute das Herzstück dieser Soziodizee, die nicht nur, und ganz naheliegend, von den Herrschenden anerkannt wird, sondern auch von allen anderen. […]
Diese Philosophie ist unterschwellig in das gesamte Schulsystem eingeschrieben. Sie ist sehr mächtig, zutiefst verinnerlicht.« (Bourdieu, 2004a, S. 63)

35 Neumann (1954/78, S. 447)

36 »The ordinary progress of a society which increases in wealth, is at all times tending to augment the incomes of landlords; to give them both a greater amount and a greater proportion of the wealth of the community, independently of any trouble or outlay incurred by themselves. They grow richer, as it were in their sleep, without working, risking, or economizing. What claim have they, on the general principle of social justice, to this accession of riches? In what would they have been wronged if society had, from the beginning, reserved the right of taxing the spontaneous increase of rent, to the highest amount required by financial exigencies?« John Stuart Mill (1848, Book V, Ch.II) *Principles of Political Economy with some of their Applications to Social Philosophy*

37 »So great are the psychological resistances to war in modern nations that every war must appear to be a war of defence against a menacing, murderous aggressor. There must be no ambiguity about whom the public is to hate.« (Lasswell, 1927, S. 47)

38 siehe z.B. https://www.moonofalabama.org/2018/12/new-integrity-intitiative-papers-include-proposal-for-a-large-disinformation-campaign.html und https://www.nachdenkseiten.de/?p=48281.

39 Maus (2018, S. 85)

40 Eine solche Haltung einer tiefverwurzelten grundsätzlichen Abneigung gegen Argumente wurde schon in der Antike thematisiert. Platon (Phaidon, 89 d-e) bezeichnete sie als Misologie, ein Ausdruck, den Kant als »Hass der Vernunft« übersetzte.

41 Postman (1985, S. 133)

42 Anders (1956, S. 195)

43 Mirowski (2019, S. 21,24)

44 Wallerstein (1992; S. 45).

45 Mit der sogenannten Globalisierung sind häufig, auch auf Seiten der Linken, eine Reihe folgenschwerer Missverständnisse verbunden. Sie basieren zumeist darauf, dass die Anliegen und Hoffnung, die mit dem traditionellen Internationalismus solidarischer emanzipatorischer Bewegungen verbunden sind, auf die neoliberale Form einer »Globalisierung« projiziert werden. Diese Form der Globalisierung beruht jedoch auf einem Wirtschaftsnationalismus der ökonomisch stärksten Länder und stellt de facto eine Form von Neokolonialismus dar.

46 Daher ist es auch nicht überraschend, dass bei realpolitischem Bedarf die Unterstützung ultranationalistischer Regierungen – wie beispielsweise der Poroschenko-Regierung in der Ukraine oder der Netanjahu-Regierung in Israel – zur deutschen »Staatsraison« gehört. Das Wort »Staatsraison« ist eine jener pompös aufgebähten leeren Worthülsen politischer Rhetorik und bedeutet nicht mehr als: Wir

scheren uns keinen Deut um das, was wir »unsere Werte« nennen, wenn sie mit unseren Machtinteressen kollidieren.

47 siehe hierzu Blumenthal (2019)

48 Dower (2017), McCoy (2017)

49 Zbigniew Brzeziński, Terrorized by »War on Terror«, 25. März 2007, *Washington Post.* http://www.washingtonpost.com/wp-dyn/content/article/2007/03/23/AR2007032301613.html

50 »actually existing neoliberalism« (Peck, Brenner & Theodore, 2018); s.a. Wacquant (2012)

51 Das Menschenbild des Neoliberalismus ist geleitet durch die implizite Vorstellung, dass die Natur des Menschen lediglich darin bestehe, ein nahezu unbegrenzt formbares Wesen ohne angeborene Geistesstrukturen und innere geistige Eigenschaften zu sein, und daher sein Verhalten durch geeignete Spezialisten und Experten der Erziehung, Ausbildung und sozialer Kontrolle in gewünschter Weise zu formen sei. In dieser Vorstellung schließt das Menschenbild des Neoliberalismus an das Menschenbild des Behaviorismus an. Bereits im Behaviorismus findet sich die totalitäre Vorstellung, dass der Mensch von Fachleuten durch geeignete Technologien so zu formen sei, dass seine gesellschaftliche Anpassung optimiert wird. Beispielsweise entwarf der bis heute einflussreiche Psychologe B.F. Skinner in seiner Schrift *Jenseits von Freiheit und Würde* das Programm einer Gesellschaft, die durch eine totale psychologische Kontrolle »befriedet« ist. Skinner vertrat darin, dem Neoliberalismus ähnlich, eine totalitäre Vision von Gesellschaft. Skinner zufolge sei es ein Irrtum, den Menschen aus den Fesseln von Fremdherrschaft befreien zu wollen. Vielmehr gehe es lediglich darum, wie man ihn kontrollieren könne. Die Kontrolle der Gesellschaft als Ganzes müsse an geeignete Fachleute übertragen werden, worunter Skinner Polizisten, Priester, Eigentümer oder Lehrer verstand.
»It is a mistake to suppose that the whole issue is how to free man. The issue is to improve the way in which he is controlled.« Interview, *Center Magazine*, March/April 1972, S. 63–65.
»[...] the control of the population as a whole must be delegated to specialists – to police, priests, owners, teachers, therapists, and so on [...]. *Beyond Freedom and Dignity* (1971, S. 155).

52 Die neoliberale Kerndoktrin des »freien Marktes« ist selbst reich an Inkonsistenzen und Absurditäten und ist zudem mit den tatsächlichen politischen Praktiken und Programmen neoliberaler Transformationsprozesse nicht in Einklang zu bringen. Beispielsweise müsste der Neoliberalismus, wenn er seine Konzeption des »freien Marktes« ernst nehmen würde, die massiven Marktverzerrungen durch Werbung, die 2018 global ein Volumen von über 700 Milliarden Euro hatte, als unzulässige Markteingriffe bekämpfen – von den gigantischen Subventionen ganz zu schweigen.

53 siehe hierzu z.B. Strange (1996)

54 Wacquant (2013, S. 63)

55 Wacquant (2008, S. 214). Der Soziologie William Davis (2016) bezeichnet die jüngste Phase, in die der Neoliberalismus seit 2008 eingetreten ist, als »punitiven Neoliberalismus«.

56 Ungleichheit ist nicht lediglich eine Art Kollateralschaden neoliberaler Transformationsprozesse, sondern geradezu ein eigenständiges und notwendiges Ziel: »Ungleichheit ist nicht bedauerlich, sondern höchst erfreulich. Sie ist einfach nötig.« (Friedrich Hayek, *Wirtschaftswoche* vom 6. März 1981)

57 »the most successful ideology in world history«. Anderson (2000, S. 17)

58 Polanyi (1944/1973, S. 70)

59 Polanyi (1944/1973, S. 141)

60 Polanyi (1944/1973, S. 108)

61 Arendt (1951/1986, S. 238)

62 Hierzu gehören auch alle Bereiche, die auf digitalen Technologien beruhen, also Technologien wie das Internet, deren Entwicklung durch öffentliche Mittel finanziert wurde und die dann privatisiert und ökonomischer Kontrolle unterworfen wurden. In den entsprechenden Konsum- und Dienstleistungssektoren breitet sich gegenwärtig eine Überwachungsökonomie aus, die sich unsere privaten Erfahrungen unter dem Verschleierungsbegriff der »Personalisierung« in Form von Daten aneignet, die dann als Privateigentum von Konzernen für die ökonomische Optimierung von Steuerungs- und Manipulationsprozessen verwertet werden können. Die digitalen Technologien haben auf diese Weise den Weg in einen »Überwachungskapitalismus« eröffnet (siehe Zuboff, 2018), der sich zunehmend mit den repressiven Bedürfnissen des neoliberalen Sicherheitsstaates verbindet.
Auch der öffentliche Debattenraum wird im Zuge der digitalen Revolution in einer Verbindung von monopolistischen privaten Akteuren und Sicherheitsstaat mehr und mehr kontrolliert – u.a. durch Verwendung von »social bots«, also durch in sozialen Medien operierende Algorithmen, die lernfähig sind und den Anschein realer Personen erwecken und ausdrücklich zur Manipulation der öffentlichen Meinung entwickelt wurden. Mittlerweile machen sie nach Schätzungen bereits die Hälfte des Internetverkehr aus (s. Woolley & Howard, 2016; s.a. Woolley & Howard, 2018). In dem Maße, wie der öffentliche Raum mit dem digitalen Raum identisch wird, wird er der Kontrolle privater Akteure unterworfen, die den digitalen Raum zu einer Simulation eines öffentlichen Raumes machen und dadurch optimal für ihre Belange ausbeuten können. Wenn sich dann die großen Monopolisten des Netzes mit staatlichen Sicherheitsapparaten verbinden, wird eine nahezu perfekte Kontrolle möglich, die kaum noch als Kontrolle empfunden wird.

63 siehe z.B. Morgan & Volante (2016)

64 Gehmacher (1966)

65 In den Arbeiten des Ökonomen Gary S. Becker erreichte diese intellektuelle Phantasie ihren grotesken Höhepunkt.

66 Mirowski (2015, S. 96/100)

67 »Das Selbst unterwirft sich restlos dem Markt, also Kräften, die alles übersteigen, was wir auch nur zu begreifen vermögen – ein buchstäblich irrationaler Vertrauensvorschuss, und die Parallelen zu religiösen Traditionen sind durchaus beabsichtigt.« (Mirowski, 2015, S. 120)

68 Mirowski, 2015, S. 120

69 Castel (2000, S. 404)

70 Bourdieu (2004b, S. 110f.)

71 Bröckling (2013); Mirowski (2015)

72 zu traditionellen Totalitarismuskonzepten und ihrer Entwicklung siehe z. B. Gleason (1995)

73 Wolin (2008, S. 57)

74 Ein solches Verständnis der Rolle, die das Individuum in der Gesellschaft einzunehmen habe, hat eine viel längere Geschichte und ist konstitutiv für den Kapitalismus überhaupt: Max Weber stellte fest »Die handelspolitische und sozialpolitische Interessenlage pflegen dann die ›Weltanschauung‹ zu bestimmen. Wer sich in seiner Lebensführung den Bedingungen kapitalistischen Erfolges nicht anpasst, geht unter oder kommt nicht hoch.« (Max Weber, 1904, Die protestantische Ethik und der Geist des Kapitalismus)

75 Mirowski (2015, S. 111)

76 Fraser (2015)

77 Dies spiegelt sich auch in den entsprechenden empirischen Erhebungen wider. Beispielsweise berichtet der World Happiness Report von 2019 u. a. von vergleichenden Indikatoren zu Lebensbeeinträchtigungen durch Angststörungen. Der Index DALY bezieht sich auf die »disability-adjusted life years« und soll die Mortalität und die Beeinträchtigung des normalen, beschwerdefreien Lebens durch eine Krankheit in einer Maßzahl abbilden. Unter allen 196 Ländern weisen die USA den zweithöchsten DALY-Wert an Lebenszeit auf, die durch Drogenkonsum verloren geht. Bei der durch Angststörungen verloren gegangenen Lebenszeit liegen sie weltweit auf dem 5. Platz.
John F. Helliwell, Richard Layard and Jeffrey D. Sachs (2019). World Happiness Report.
https://worldhappiness.report/ed/2019/
Siehe auch Twenge et al. (2019)

78 In den Worten des Literaturtheoretikers Terry Eagleton (2008, S. 87): »If happiness is a state of mind, then it is arguably dependent on one's material circumstances. [...] Happiness or wellbeing is an institutional affair: it demands the kind of social and political conditions in which you are free to exercise your creative powers.«

79 Eine detailliertere Analyse der hiermit verbundenen Psychodynamiken findet sich in Bergmann-Mausfeld & Mausfeld (i. Vorb.).

80 siehe hierzu Jost et al. (2004), Friesen et al. (2019)

81 »Meritocracy as an ideology is a key contributor to the success and tenacity of neoliberalism, as a seemingly ›fair‹ means through which competition is expressed and extended.« (Littler, 2018, S. 43)

82 »Tatsächlich stützt sich die Macht der neoliberalen Ideologie auf eine neue Art von Sozialdarwinismus: es sind die ›Besten und Außergewöhnlichsten‹, wie man in Harvard sagt, die das Rennen machen. [...] Hinter der weltumspannenden Vision einer Internationale der Herrscheden steht eine Philosophie der Kompetenz, nach der die Fähigsten den Staat lenken, die Fähigsten eine Arbeit haben, was bedeutet, dass Menschen ohne Arbeit unfähig sind.« (Bourdieu, 2004a, S. 62)
Welche Konsequenzen auf globaler Ebene der neoliberale Sozialdarwinismus hat, hat Friedrich Hayek offen zum Ausdruck gebracht: »In den nächsten Jahren soll sich die Weltbevölkerung erneut verdoppeln. Für eine Welt, die auf egalitäre Ideen gegründet ist, ist das Problem der Überbevölkerung aber unlösbar. Wenn wir garantieren, dass jeder am Leben erhalten wird, der erst einmal geboren ist, werden wir sehr bald nicht mehr in der Lage sein, diese Versprechen zu erfüllen. Gegen die Überbevölkerung gibt es nur die eine Bremse, nämlich dass sich nur die Völker erhalten und vermehren, die sich auch selbst ernähren können.« (Friedrich Hayek, Wirtschaftswoche vom 6. März 1981)

83 Dies ist umso leichter, als die sozialdarwinistische Ideologie einer Verachtung der Schwachen und eines Hasses auf die Armen tief im Denken ökonomischer und politischer Eliten verwurzelt ist. Beispiele für Äußerungen, in denen dies offen zu Tage tritt, lassen sich im Überfluss finden. Beispielsweise gab 2005 in dem Report »Vorrang für die Anständigen – Gegen Missbrauch, ›Abzocke‹ und Selbstbedienung« das unter Leitung von Wolfgang Clement (SPD) stehende Arbeitsministerium einem Klassenrassismus offenen Ausdruck, indem es sich der biologistischen Parasiten-Metapher bediente. In dem Report wurde – zweifellos als ganz absichtslose Fortbildung für biologisch interessierte Leser – ausführlich die biologische Definition von Parasiten aufgeführt; wobei es natürlich ausgesprochen böswillig wäre zu unterstellen, dass die Parasiten-Definition irgendetwas mit dem Thema »Vorrang für die Anständigen« des Arbeitsmarktreports zu tun habe: »Natürlich ist es völlig unstatthaft, Begriffe aus dem Tierreich auf Menschen zu übertragen.« Ohnehin versteht es sich von selbst, dass man »Sozialbetrüger« – weil »besonders verwerflich« – nicht mit Parasiten vergleichen kann: »Schließlich ist Sozialbetrug nicht durch die Natur bestimmt, sondern vom Willen des Einzelnen gesteuert.«

84 Mirowski (2015, S. 136)

85 Heitmeyer (2011, S. 35)

86 Heitmeyer (2011, S. 57)

87 Der Schweizer Soziologe und ehemalige UN-Sonderberichterstatter für das Recht auf Nahrung Jean Ziegler legt prägnant dar, warum er den Kapitalismus, der eine kannibalische Weltordnung geschaffen habe, für nicht reformierbar hält: »Der Kapitalismus ist ein Paradox. Einerseits unglaublich kreativ, die Produktivkräfte entwickeln sich rasant. Aber gleichzeitig hat er eine kannibalische Weltordnung geschaffen. Ich gebe Ihnen ein Beispiel: Zwei Milliarden Menschen, von insgesamt 7,6 Milliarden, haben keinen Zugang zu sauberem Trinkwasser. Alle fünf Sekunden verhungert ein Kind auf diesem Planeten. Aber die Weltlandwirtschaft, so wie sie heute ist, könnte problemlos zwölf Milliarden Menschen ernähren – fast das Doppelte! Das heißt, es gibt keine Fatalität. Ein Kind, das jetzt an Hunger stirbt, wird ermordet. Und die Mörder sind identifizierbar. Diese kannibalische Weltordnung muss gebrochen werden – und sie kann gebrochen werden, etwa durch den Aufstand aller zivilgesellschaftlichen Organisationen. […] Manchmal fragen mich Leute: Würde es nicht genügen, den Kapitalismus zu reformieren, zu zivilisieren, menschlicher zu machen? Aber das kann man nicht! Wir müssen ihn zerstören, bevor er uns zerstört, aber reformieren, das funktioniert nicht. Das zeigt die Geschichte. Die Sklavengesellschaft konnte man auch nicht reformieren – entweder ist ein Mensch ein Mensch, oder er ist eine Sache. Wie hätte man die Sklaverei, den Kolonialismus reformieren sollen – etwas weniger plündern oder wie? Entweder gibt es Souveränität und Unabhängigkeit eines Volkes, oder es ist kolonialisiert. Beides gibt es nicht.« https://www.jungewelt.de/artikel/354742.widerstand-notwendig-der-kapitalismus-kann-nicht-reformiert-werden.html

88 »It seems to be easier for us today to imagine the thoroughgoing deterioration of the earth and of nature than the breakdown of late capitalism; perhaps that is due to some weakness in our imaginations.« (Jameson, 1994, S. xii)

89 siehe hierzu auch Streeck (2015)

90 »Neoliberalism, in this sense, is not what it used to be (and it can never be what it used to be). [...] Maybe it is still being guided, in some way or another, by Hayek's rusty old compass, trained on the unattainable (and stark) utopia of a free-market society, but the vanguard momentum of the ›revolution from above‹, such as the Thatcherite moment of unapologetic confrontation and ›conviction politics‹, has long since given way to opportunistic searches for Die Neue Mitte, ameliorative firefighting, trial-and-error governance, devolved experimentation, and the pragmatic embrace of ›what works‹. More often than not, the new neoliberalism learns (and evolves) by doing wrong, having become mired in the unending challenge of managing its own contradictions, together with the social and economic fallout from previous deregulations and malinterventions. It fails, but it tends to fail forwards. [...] this means that the practice of neoliberal statecraft is inescapably, and profoundly, marked by compromise, calculation, and contradiction. There is no blueprint. There is not even a map. [...] ›Dead but dominant‹, neoliberalism may indeed have entered its zombie phase. The brain has apparently long since ceased functioning, but the limbs are still moving, and many of the defensive reflexes seem to be working too. The living dead of the free-market revolution continue to walk the earth, though with each resurrection their decidedly uncoordinated gait becomes even more erratic.« (Peck, 2010)

91 Chomsky (2004, S. 88)

92 »The hidden hand of the market will never work without a hidden fist – McDonald's cannot flourish without McDonnell Douglas, the builder of the F-15. And the hidden fist that keeps the world safe for Silicon Valley's technologies is called the United States Army, Air Force, Navy and Marine Corps.« Thomas L. Friedman, A Manifesto for the Fast World, *New York Times*, 28. März, 1999. https://www.nytimes.com/1999/03/28/magazine/a-manifesto-for-the-fast-world.html

Literaturangaben

Acemoglu, Daron & Robinson, James A. (2005). *Economic Origins of Dictatorship and Democracy.* Cambridge University Press.

Albrecht, Peter-Alexis (2011). *Die vergessene Freiheit: Strafrechtsprinzipien in der europäischen Sicherheitsdebatte.* BWV Verlag.

Anders, Günther (1956). *Die Antiquiertheit des Menschen. Band I. Über die Seele im Zeitalter der zweiten industriellen Revolution.* Beck.

Anderson, Perry (2000). Renewals. *New Left Review, 1,* 1-20.

Arendt, Hannah (1951/1986). *Elemente und Ursprünge totaler Herrschaft. Antisemitismus, Imperialismus, totale Herrschaft.* Piper.

Bergmann-Mausfeld, Gisela & Mausfeld, Rainer (i. Vorb.). Psychotechniken der Macht. Die neoliberale Traumatisierungsspirale als Herrschaftstechnik. In: Martin Wendisch (Hrsg.) *Kritische Psychotherapie.* Hogrefe.

Blumenthal, Max (2019). *The Management of Savagery: How America's National Security State Fueled the Rise of Al Qaeda, ISIS, and Donald Trump.* Verso.

Brenner, Robert (2006). *The economics of global turbulence: the advanced capitalist economies from long boom to long downturn, 1945–2005.* Verso.

Bröckling, Ulrich (2013). *Das unternehmerische Selbst: Soziologie einer Subjektivierungsform.* Suhrkamp.

Bourdieu, Pierre (2004a). Der Mythos »Globalisierung« und der europäischen Sozialstaat. In: *Gegenfeuer. Wortmeldungen im Dienste des Widerstands gegen die neoliberale Invasion* (S. 50–63). Universitäts-Verlag Konstanz.

Bourdieu, Pierre (2004b). Prekarität ist überall. In: *Gegenfeuer. Wortmeldungen im Dienste des Widerstands gegen die neoliberale Invasion* (S. 107–113). Universitäts-Verlag Konstanz.

Bourke, Joanna (2006). *Fear: A Cultural History.* Shoemaker & Hoard.

Bourdieu, Pierre (2014). Über den Staat: Vorlesungen am *Collège de France 1989–1992.* Suhrkamp.

Brown, Peter (2018). *Der Schatz im Himmel: Der Aufstieg des Christentums und der Untergang des römischen Weltreichs.* Klett-Cotta.

Carey, Alex (1997). *Taking the risk out of democracy: Corporate propaganda versus freedom and liberty.* University of Illinois Press.

Castel, Robert (2000). *Die Metamorphosen der sozialen Frage. Eine Chronik der Lohnarbeit.* Universitäts-Verlag Konstanz.

Chomsky, Noam (2004).
Anatomie der Macht.
Europa-Verlag.

Chomsky, Noam (2008).
The Essential Chomsky
(Hrsg. Anthony Arnove).
The New Press.

Davies, William (2014).
The Limits of Neoliberalism: Authority, Sovereignty and the Logic of Competition.
SAGE Publications.

Davies, William (2016).
The new neoliberalism.
New Left Review, 101, 121–34.

Dower, John W. (2017).
The Violent American Century: War and Terror Since World War II.
Haymarket Books.

Eagleton, Terry (2008).
The Meaning of Life: A Very Short Introduction.
Oxford University Press.

Fones-Wolf, Elizabeth A. (1994).
Selling Free Enterprise. The Business Assault on Labor and Liberalism 1945–1960.
University of Illinois Press.

Frankenberg, Günter (2010).
Staatstechnik. Perspektiven auf Rechtsstaat und Ausnahmezustand.
Suhrkamp.

Fraser, Steve (2015).
The Age of Acquiescence: The Life and Death of American Resistance to Organized Wealth and Power.
Little, Brown and Company.

Friesen, J., Laurin, K., Shepard, S., Gaucher, D. & Kay, A. (2019).
System justification: Experimental evidence, its contextual nature, and implications for social change.
British Journal of Social Psychology, 58, 315-339.

Gehmacher, Ernst (1966).
Wirtschaftswachstum und Bildungsaufwand. Bericht über die OECD-Konferenz in Washington 1961.
In: *Europäische Kulturpolitik, Bd. 2. (hg. i.A. der Kulturkommission des Europarates).*
Europa-Verlag.

Gleason, Abbot (1995).
Totalitarianism: The Inner History of Cold War.
Oxford University Press.

Gould, Stephen J. (1983).
Der falsch vermessene Mensch.
Birkhäuser.

Heitmeyer, Wilhelm (2011).
Deutsche Zustände: Folge 10.
Suhrkamp.

Horwitz, Morton J. (1977).
The Transformation of American Law, 1780–1860: The Crisis of Legal Orthodoxy.
Harvard University Press.

Illich, Ivan (1983).
Entmündigung durch Experten. Zur Kritik der Dienstleistungsberufe.
Rowohlt.

Jameson, Frederic (1994).
The Seeds of Time. The Wellek Library lectures at the University of California, Irvine.
Columbia University Press.

Jestaedt, Matthias (2010).
Maßstäbe des Verwaltungshandelns.
Hans Uwe Erichsen & Dirk Ehlers (Hrsg.) *Allgemeines Verwaltungsrecht.* 14. Aufl. (S. 329-379). De Gruyter.

Jost, J. T., Banaji, M. R. & Nosek, B. A. (2004).
A decade of system justification theory: Accumulated evidence of conscious and unconscious bolstering of the status quo.
Political psychology, 25, 881–919.

Littler, Jo (2017).
Against Meritocracy.
Routledge.

Lukes, Steven (2005). Power: A Radical View. 2nd ed.
Palgrave Macmillan.

Maus, Ingeborg (1986).
Rechtstheorie und Politische Theorie im Industriekapitalismus.
Fink.

Maus, Ingeborg (2011).
Über Volkssouveränität – Elemente einer Demokratietheorie.
Suhrkamp.

Maus, Ingeborg (2018).
Justiz als gesellschaftliches Über-Ich: Zur Position der Rechtsprechung in der Demokratie.
Suhrkamp.

McCoy, Alfred W. (2017).
In the Shadows of the American Century: The Rise and Decline of US Global Power.
Haymarket Books.

Mirowski, Philip (2015).
Untote leben länger: Warum der Neoliberalismus nach der Krise noch stärker ist.
Matthes & Seitz.

Mirowski, Philip. (2019).
Hell is truth seen too late.
Boundary 2: An International Journal of Literature and Culture, 46, 1-53.

Moloney, Kevin (2006).
Rethinking public relations: PR propaganda and democracy.
Routledge.

Morgan, Clara & Volante, Louis (2016). A review of the Organisation for Economic Cooperation and Development's international education surveys: Governance, human capital discourses, and policy debates.
Policy Futures in Education 14, 775–792.

Münsterberg, Hugo (1914).
Grundzüge der Psychotechnik.
Barth.

Neumann, Franz L. (1954/1978).
Angst und Politik.
In: Alfons Söllner (Hrsg.). *Franz L. Neumann. Wirtschaft, Staat, Demokratie. Aufsätze 1930–1954.*
Suhrkamp.

Peck, Jamie (2010).
Zombie neoliberalism and the ambidextrous state.
Theoretical Criminology 14, 104–110.

Peck, Jamie, Brenner, Neil & Theodore, Nik. (2018). Actually existing neoliberalism. In: Damien Cahill, M. Cooper, M. Konings & D. Primrose (Hrsg.). *The SAGE handbook of neoliberalism* (S. 3–16). SAGE Publications.

Polanyi, Karl (1944/1973). *The Great Transformation. Politische und ökonomische Ursprünge von Gesellschaften und Wirtschaftssystemen.* Suhrkamp.

Postman, Neil (1985). *Wir amüsieren uns zu Tode.* Fischer.

Robin, Corey (2004a). *Fear: The History of a Political Idea.* Oxford University Press.

Robin, Corey (2004b). Fragmented State, Pluralist Society: How Liberal Institutions Promote Fear. *Missouri Law Review*, 69, 1061–1093.

Rodrik, Dani (2017). *Straight Talk on Trade: Ideas for a Sane World Econom.* Princeton University Press.

Skoll, Geoffrey R. (2010). *Social Theory of Fear: Terror, Torture, and Death in a Post-Capitalist World.* Palgrave Macmillan.

Skoll, Geoffrey R. (2016). *Globalization of American Fear Culture: The Empire in the Twenty-First Century.* Palgrave Macmillan.

Soules, Marshall (2015). *Media, persuasion and propaganda.* Edinburgh University Press.

Stearns, Peter N. (2012). *American Fear: The Causes and Consequences of High Anxiety.* Routledge.

Strange, Susan (1996). *The Retreat of the State. The Diffusion of Power in the World Economy.* Cambridge University Press.

Streeck, Wolfgang (2015). Wie wird der Kapitalismus enden? *Blätter für deutsche und internationale Politik*, 60, 99–111, 199–120.

Twenge, J. M., Cooper, A. B., Joiner, T. E., Duffy, M. E. & Binau, S. G. (2019). Age, Period, and Cohort Trends in Mood Disorder Indicators and Suicide-Related Outcomes in a Nationally Representative Dataset, 2005–2017. *Journal of abnormal psychology*, 128, 185–199.

Wacquant, Loïc (2007). Armut als Delikt. Ein Gespräch mit Loic Wacquant. In: Heinz Bude & A. Willisch (Hrsg.). *Exklusion. Die Debatte über die »Überflüssigen«* (S. 21–224). Suhrkamp.

Wacquant, Loïc. (2013). *Bestrafen der Armen: Zur neoliberalen Regierung der sozialen Unsicherheit.* Verlag Barbara Budrich.

Wallerstein, Immanuel (1992). Ideologische Spannungsverhältnisse im Kapitalismus: Universalismus vs. Sexismus und Rassismus. In: Immanuel Wallerstein & Étienne Balibar, *Rasse, Klasse, Nation. Ambivalente Identitäten.* Argument-Verlag.

Wierzbicka, Anna (1999). *Emotions Across Languages and Cultures: Diversity and Universals.* Cambridge University Press.

Wolin, Sheldon S. (2008). *Democracy incorporated: Managed democracy and the specter of inverted totalitarianism.* Princeton University Press.

Woolley, Samuel C. & Philip N. Howard. (2016). Automation, algorithms, and politics/ Political communication, computational propaganda, and autonomous agents – Introduction. *International Journal of Communication* 10, 9.

Woolley, Samuel C. & Howard, Philip N. (Eds.). (2018). *Computational propaganda: political parties, politicians, and political manipulation on social media.* Oxford University Press.

Zuboff, Shoshana (2018). *Das Zeitalter des Überwachungskapitalismus.* Campus.

Namensverzeichnis

Mehr über unsere Autoren und Bücher:
www.westendverlag.de

Die Deutsche Nationalbibliothek verzeichnet diese Publikation in der Deutschen Nationalbibliografie; detaillierte bibliografische Daten sind im Internet über http://dnb.d-nb.de abrufbar.

MIX
Papier | Fördert gute Waldnutzung
FSC® C083411

ISBN 978-3-86489-281-3
7. Auflage 2024

Gestaltung: Buchgut, Berlin und Andreas Töpfer
Druck und Bindung: CPI – Clausen & Bosse, Leck
Printed in Germany